Mon

Volume Divers. 1

Wilkie Collins

Writat

Cette édition parue en 2024

ISBN : 9789359949390

Publié par
Writat
email : info@writat.com

Contenu

PRÉFACE. ....- 1 -

Croquis de caractère.-I. PARLEZ-STOPPERS. ....- 2 -

Griefs sociaux.—I. UN VOYAGE À LA RECHERCHE DE RIEN. ....- 13 -

COINS ET COINS DE L'HISTOIRE. I. La vengeance d'une reine. ....- 26 -

GRIEFS SOCIAUX.—II. UNE PÉTITION AUX ÉCRIVAINS DE ROMANS. ....- 37 -

FRAGMENTS D'EXPÉRIENCE PERSONNELLE.—I. Désarmé dans des logements. ....- 46 -

CROQUIS DE CARACTÈRE.—II. UN ARTICLE CHOQUANT GROS. ....- 68 -

COINS ET COINS DE L'HISTOIRE. II. LA GRANDE INVASION (OUBLIÉE). ....- 77 -

CURIOSITÉS DE LA LITTERATURE.—I. LE PUBLIC INCONNU. ....- 85 -

GRIEFS SOCIAUX.—III. LAISSEZ-NOUS DE LA CHAMBRE ! ....- 97 -

CURIOSITÉS DE LA LITTERATURE.—II. PORTRAIT D'UN AUTEUR, PEINT PAR SON EDITEUR. ....- 104 -

FRAGMENTS D'EXPÉRIENCE PERSONNELLE.—II. MON MIROIR NOIR. ....- 126 -

CROQUIS DE CARACTÈRE.—III. MME. BADGERIE. ...- 138 -

NOTES DE BAS ....- 147 -

PRÉFACE.

Les différents articles dont est composé le recueil suivant ont été pour la plupart écrits il y a quelques années et ont tous été publiés à l'origine - avec beaucoup d'autres, que je n'ai pas jugé souhaitable de réimprimer - dans "Household Words", et dans le premier ouvrage. volumes de « Toute l'année ». Ils ont eu la chance d'être accueillis avec faveur par le lecteur, dès leur première parution, et ont été jugés dignes, dans de nombreux cas, d'être largement cités dans d'autres revues. Après une sélection et une révision minutieuses, ils sont désormais rassemblés sous forme de livre ; ayant été disposés de manière à présenter un contraste les uns avec les autres, de manière à présenter des spécimens de toutes les compositions plus courtes auxquelles j'ai contribué ces dernières années à la littérature périodique.

Mon but en rédigeant la plupart de ces articles — en particulier ceux rassemblés sous les titres généraux des « Esquisses de caractère » et des « Griefs sociaux » — était de présenter ce que j'avais observé et ce que j'avais pensé, sous la forme la plus légère et la moins prétentieuse ; m'adresser au public (si je le pouvais) avec quelque chose de la facilité d'écrire une lettre et quelque chose de la familiarité d'une conversation amicale. La chaire littéraire me paraissait alors — comme il me semble encore — un peu encombrée de prédicateurs de sermons laïcs. Les conceptions de la vie et de la société qui nous incitent à penser avec pénitence dans certains cas, ou à douter avec mépris dans d'autres, étaient, pensais-je, déjà assez nombreuses. Plus de fraîcheur et de nouveauté pour le lecteur avide de leçons et de longue haleine semblaient résider dans des vues qui pourraient nous mettre dans des termes plus faciles avec nous-mêmes et avec les autres ; et qui pourrait nous encourager à rire de bonne humeur de certaines des excentricités les plus légères du caractère et de certaines des absurdités les plus palpables des coutumes – sans aucune perversion injuste de la vérité, ni aucune descente inutile vers les régions inférieures de la vulgarité et de la caricature. C'est dans cette idée que toutes les contributions les plus légères à ces Mélanges ont été écrites à l'origine ; et avec cette idée, ils sont à nouveau renvoyés de mon bureau, pour gagner l'approbation qu'ils peuvent auprès des nouveaux lecteurs.

HARLEY STREET, LONDRES.
Septembre 1863.

Croquis de caractère.-I.

PARLEZ-STOPPERS.

Nous entendons aujourd'hui beaucoup de lamentations, émanant principalement de personnes âgées, sur le déclin de l'art de la conversation parmi nous. Les vieilles dames et messieurs, qui ont un souvenir vif des charmes de la société d'il y a cinquante ans, se demandent constamment pourquoi les grands causeurs de leur jeunesse n'ont pas trouvé de successeurs dans ce présent inférieur. Où – demandent-ils tristement – où sont ces hommes et femmes illustres doués d'une capacité d'effusion perpétuelle de la langue, qui maintenaient les auditoires ravis inondés dans un flot de monologues éloquents pendant des heures entières ? Où sont les orateurs solos, dans cette époque dégénérée de simples conversations chorales ?

Les locuteurs solos ont disparu. Il n'en reste que la tradition, imparfaitement conservée dans les livres au profit d'une postérité ingrate, qui injurie leurs contemporains survivants, et qui aurait peut-être même injurié les illustres créatures elles-mêmes sous le nom d'Ennuyeux. S'ils pouvaient ressusciter d'entre les morts et tenir leur langue inquiétante parmi nous maintenant, gagneraient-ils à nouveau leur réputation, aussi facilement que jamais ? Auraient-ils même des auditeurs ? Seraient-ils réellement autorisés à parler ? J'ose dire que non, décidément. Ils seraient sûrement interrompus et contredits ; ils auraient leurs voisins les plus proches à table qui parlaient à travers eux ; ils trouveraient en face des gens impatients, laissant tomber les choses bruyamment et les ramassant ostensiblement ; ils entendaient des chuchotements confidentiels et des agitations perpétuelles dans des coins éloignés, avant d'avoir terminé leur première demi-douzaine de phrases d'ouverture éloquentes. Rien ne me paraît plus merveilleux que le fait qu'aucune de ces interruptions (si l'on en croit le rapport) n'ait jamais eu lieu au bon vieux temps des grands causeurs. J'ai lu de longues biographies de cette grande classe d'individus illustres dont la renommée est confinée au cercle restreint de leurs propres connaissances, et je découvre qu'ils étaient pour un homme, quelles que soient les autres différences qui aient pu exister entre eux, tous de délicieux causeurs. On m'informe qu'ils ont prêché ensemble pendant des heures de manière fascinante, à tout moment et en toute saison, et que moi, le lecteur doux, constant et patient, je suis l'un des êtres humains les plus malheureux et les plus pitoyables de n'avoir jamais joui du luxe d'entendre eux : mais, curieusement, on ne me dit jamais s'ils ont été occasionnellement interrompus ou non au cours de leurs effusions. Je dois en déduire que leurs amis étaient assis sous eux, tout comme une congrégation s'assoit sous une chaire ; et je me demande avec étonnement (en me souvenant de ce qu'est la société d'aujourd'hui) si la nature humaine a pu avoir complètement changé depuis cette époque. Soit les récits des biographies sont partiaux et imparfaits, soit la race de gens que je rencontre fréquemment aujourd'hui – et que j'ose appeler des « coupe-parole », parce que leur tâche dans la vie semble être de gêner, de confondre et d'interrompre les gens. de toute conversation – doit être la croissance particulière et menaçante de notre propre époque dégénérée.

Perplexe face à ce dilemme, lorsque je lis de longues biographies de grands causeurs, je ne me surprends pas à déplorer, comme mes aînés, de n'avoir laissé aucun successeur de nos jours, ni à douter irrévérencieusement, comme mes cadets, que les célèbres interprètes de les solos conversationnels valaient vraiment aussi bien la peine d'être entendus que les récits élogieux voudraient nous le faire croire. La seule question invariable que je me pose dans ces circonstances est la suivante : — Les grands causeurs, s'ils avaient vécu à mon époque, auraient-ils pu parler ? Et la réponse que je reçois est : — Dans la grande majorité des cas, certainement pas.

Permettez-moi de ne pas citer de noms inutilement, mais permettez-moi de demander, par exemple, si un causeur aussi célèbre que, disons, le Grand Glib, aurait pu converser sans interruption pendant cinq minutes ensemble en présence de mon ami le colonel Hopkirk ?

Le colonel va beaucoup dans le monde ; il est le plus gentil et le plus doux des hommes ; mais il arrête inconsciemment la conversation ou la confond partout, uniquement à cause de sa propre horreur sociable de toujours différer d'opinion avec qui que ce soit. Si A. commençait par déclarer que le noir était noir, le colonel Hopkirk serait sûr d'être d'accord avec lui, avant d'avoir fait la moitié du travail. Si B. le suivait et déclarait que le noir était blanc, le colonel serait de son côté sur la question, avant d'avoir argumenté ; et, si C. s'efforçait pacifiquement de calmer la dispute avec un truisme, et espérait que tout le monde admettrait au moins que le noir et le blanc combinés font du gris, mon toujours complaisant ami lui tapoterait l'épaule avec approbation, tandis qu'il parlait; déclarerait que la conclusion de C. était, après tout, le bon sens de la question ; et cela amènerait A. et B. à se disputer furieusement avec lequel d'entre eux il était d'accord ou en désaccord maintenant, et si sur la grande question des Noirs, des Blancs et des Gris, on pouvait vraiment dire que le colonel Hopkirk avait une opinion.

Comment le Grand Glib pouvait-il s'exprimer en compagnie d'un tel homme ? Supposons que ce charmant causeur, avec quelques-uns de ses admirateurs (y compris, bien sûr, l'auteur de sa biographie), et le colonel Hopkirk , soient tous assis à la même table ; et disons que l'un des admirateurs a hâte de faire parler le doux Glib sur la peine capitale au profit de l'entreprise. L'admirateur commence, bien entendu, par la méthode approuvée pour exprimer ses objections à la peine capitale, et aborde le sujet de cette manière.

"L'autre jour, je dînais au restaurant, M. Glib, où la peine capitale est apparue comme sujet de conversation..."

"Ah!" dit le colonel Hopkirk , "une terrible nécessité... oui, oui, oui, je vois... une terrible nécessité... Hein ?"

"Et les arguments en faveur de son abolition", poursuit l'admirateur sans remarquer l'interruption, "ont été en réalité traités avec une grande dextérité par l'un des messieurs présents, qui a bien entendu commencé par affirmer qu'il est illégal, en toutes circonstances, pour enlever la vie———"

"Illégal, bien sûr !" s'écrie le colonel. "Très bien dit. Oui, oui... illégal... bien sûr... c'est donc... illégal, comme vous dites."

"Illégal, monsieur ?" commence le Grand Glib, sévèrement. "Ai-je vécu jusqu'à cette heure de la journée pour entendre qu'il est illégal de protéger la vie de la communauté, par le seul moyen certain———?"

"Non, non, oh mon Dieu, non !" dit le complaisant Hopkirk , avec la plus grande disponibilité. « Protégez leur vie, bien sûr – comme vous dites, protégez leur vie par le seul moyen certain – oui, oui, je suis tout à fait d'accord avec vous. »

« Permettez-moi, colonel, » dit un autre admirateur, désireux d'aider à lancer le grand bavard, « permettez-moi de rappeler à notre ami, avant de prendre cette question en main, que c'est un argument des abolitionnistes que l'emprisonnement perpétuel répondrait au problème. dans le but de protéger la société———"

Le colonel est si ravi de ce dernier argument qu'il bondit sur sa chaise et se frotte les mains en triomphe. "Mon cher monsieur!" s'écrie-t-il avant que le dernier orateur ait pu dire un autre mot, vous avez atteint le but, vous l'avez effectivement fait ! L'emprisonnement perpétuel, c'est ça la chose, ah, oui, oui, oui, bien sûr, l'emprisonnement perpétuel, justement, ma chère. monsieur, c'est exactement ça ! »

"Excusez-moi", dit un troisième admirateur, "mais je pense que M. Glib était sur le point de parler. Vous disiez, monsieur...?"

"Toute la question de la peine capitale", commence le charmant causeur en s'enfonçant luxueusement dans son fauteuil, "est en un mot". (« Très vrai », de la part du colonel.) « J'assassine l'un d'entre vous, dites Hopkirk ici. ("Ha! ha! ha!" à haute voix du colonel, qui se croit obligé de rire d'une plaisanterie alors qu'on ne veut qu'écouter une illustration.) "J'assassine Hopkirk . Quel est le premier objet de tout le reste de vous qui représentez la communauté dans son ensemble ? (« Vous faire pendre », du colonel. « Ah ! oui, bien sûr ! vous faire pendre. C'est vrai ! c'est vrai ! ») « Est-ce pour me faire un caractère réformé, pour m'apprendre un métier, pour me laver délicatement de mes taches de sang et me remettre dans le monde, aussi propre que le meilleur d'entre vous ? ("Non!" du colonel complaisant.) "Votre objectif est clairement de m'empêcher de vous assassiner davantage. Et comment allez-vous le faire de la manière la plus complète et la plus sûre ? Pouvez-vous atteindre votre objectif par un emprisonnement perpétuel ?" (« Ah ! je croyais que nous allions enfin être tous d'accord là-dessus », s'écrie gaiement le colonel. « Oui, oui, rien d'autre que l'emprisonnement perpétuel, comme vous dites. ») « Par l'emprisonnement perpétuel ? Mais les hommes ont éclaté. de prison." (« C'est ce qu'ils ont fait », dit le colonel.) « Des hommes ont tué leurs geôliers ; et voilà la commission de ce tout deuxième meurtre que vous vouliez empêcher. (« Tout à fait vrai », de la part du complaisant Talk-Stopper. « Un deuxième meurtre – épouvantable ! épouvantable ! ») « L'emprisonnement n'est donc pas votre remède de protection assuré, alors, de toute évidence.

"Suspendu!!!" s'écrie le colonel, avec un autre bondissant sur sa chaise, et d'une voix qu'on ne peut plus baisser. " Pendu, bien sûr ! Je suis tout à fait d'accord avec vous. Exactement ce que j'ai dit dès le début. Vous avez réussi, mon cher monsieur. Pendu, comme vous dites... pendu, par tous les moyens ! "

Quelqu'un a-t-il déjà rencontré le colonel Hopkirk en société ? Et quelqu'un pense-t-il que le Grand Glib aurait pu pérorer en compagnie de cet homme obstinément docile, comme son biographe admiratif le prétend, l'aurait fait dans la société particulière de son temps ? La chose est évidemment impossible. Laissons Glib en le félicitant d'être mort alors que les Hopkirk de ces derniers jours étaient encore à peine sevrés ; Laissons-le et voyons comment un autre grand causeur aurait pu se comporter en société avec un autre obstacle moderne au cours d'une conversation éloquente.

Je viens de lire la vie, les lettres, les travaux , les opinions et les discussions à table de l'incomparable M. Oily ; édité — quant à la Vie, par sa belle-mère ; quant aux Lettres, par le mari de sa petite-fille ; et quant aux travaux , opinions et discussions à table, par trois de ses amis intimes, qui dînèrent avec lui un dimanche sur deux pendant toute sa longue et distinguée vie. C'est un très joli livre en de nombreux volumes, avec des anecdotes agréables, non seulement sur l'homme éminent lui-même, mais aussi sur tous ses liens familiaux. Ses notes les plus courtes sont conservées, ainsi que les notes les plus courtes des autres. "Mon cher O., comment va ta pauvre tête ? La tienne, P." "Mon cher P., plus chaud que jamais. Le vôtre, O." Et ainsi de suite. Les portraits d'Oily, en bas âge, enfance, jeunesse, virilité, vieillesse active et vieillesse infirme, se terminant par un masque post mortem, abondent dans le livre - tout comme les fac -similés de son écriture, montrant les curieuses modifications qu'elle qu'il subissait lorsqu'il échangeait occasionnellement une plume contre un stylo en acier. Mais il serait plus utile à mon propos actuel d'annoncer, à l'intention des malheureux qui n'ont pas encore lu les Mémoires, qu'Oily était, bien entendu, un causeur délicieux et incessant. Il déversait des mots et son auditoire s'en imprégnait perpétuellement trois fois par semaine, de l'heure du thé jusqu'à minuit passé. Les femmes se délectaient particulièrement de sa conversation. Ils pendaient, pour ainsi dire, palpitaient sur ses lèvres. Tout cela m'est raconté en long et en large dans les Mémoires et en plusieurs endroits ; mais aucun mot n'apparaît nulle part qui tend à montrer qu'Oily ait jamais rencontré la moindre interruption à l'une des mille occasions où il a prononcé un discours. Par rapport à lui, comme par rapport au Grand Glib , je crois devoir en déduire qu'il n'a jamais été stupéfait par une question inattendue, jamais offensé par un mouton noir parmi le troupeau, sous la forme d'un auditeur inattentif, jamais réduit au silence par un homme insouciant capable de l'interrompre inconsciemment et de commencer un autre sujet avant qu'il n'ait à moitié fini son propre sujet. Je suis obligé de croire tout cela – et pourtant, quand je regarde autour de moi la société telle qu'elle est constituée aujourd'hui, je pourrais remplir une salle, à la veille, de gens qui feraient taire la bouche d'Oily avant qu'elle ne soit ouverte. cinq minutes, tout à fait naturellement, et sans le moindre soupçon qu'ils se conduisaient mal le moins du monde. Qu'est-ce que (je me demande), pour ne prendre qu'un exemple, et celui du beau sexe, que seraient devenues les conversations délicieuses et incessantes d'Oily , s'il avait connu mon amie Mme Marblemug et l'avait emmenée dîner dans son restaurant ? capacité enviable d'un homme distingué ?

Mme Marblemug a un sujet de conversation : ses propres vices. Sur tous les autres sujets, elle est sarcastiquement indifférente et muette avec mépris. Elle ne se livre donc jamais à une conversation générale ; mais celui qui est assis à côté d'elle est sûr d'être interrompu dès qu'il attire son attention en lui parlant, en recevant un aveu de ses vices - non pas fait avec repentir, ni confusion, ni plaisanterie - mais lentement déclamé avec un cynisme ostentatoire. , avec un œil dur, une voix dure, une manière dure, non, catégorique. Dans sa petite jeunesse, Mme Marblemug a découvert que ses affaires dans la vie étaient d'être excentriques et désagréables, et elle est l'une des femmes d'Angleterre qui remplissent sa mission.

J'ai l'impression de voir Oily, toujours fluide, assis à côté de cette dame au dîner, et essayant innocemment de la faire pendre à ses lèvres comme le reste de son harem de table à thé. Ses biographes affectueux rapportent que sa conversation avait été pour la plupart d'un genre doucement pastoral. Je trouve qu'il a conduit ce sujet si persistant, la Nature, dans sa voiture conversationnelle de triomphe, plus longtemps et plus durement que la plupart des hommes. Je le vois, dans mon esprit, partant à sa manière insinuante d'une garniture de persil autour d'un plat de homards - avouant, de sa voix riche, pleine et pourtant basse (voir Mémoires), que cette garniture le ravit, parce que son favori la couleur est verte - et il s'attaque ainsi facilement aux champs, le grand sujet dont il a toujours tiré sa plus grande récolte de conversation. J'imagine que sa langue fait, pour ainsi dire, ses premiers cabrioles préliminaires sur l'herbe au profit de Mme Marblemug ; et j'entends cette dame calme et effrontée le jeter à plat ventre en prononçant des paroles comme celles-ci :

« Monsieur Oily, j'aurais peut-être dû vous dire que je déteste les champs : je trouve la nature en général quelque chose d'éminemment désagréable, la campagne, en un mot, tout à fait odieuse. Si vous me demandez pourquoi, je ne peux pas vous le dire. . Je sais que j'ai tort ; mais détester la nature est un de mes vices.

M. Oily remontre avec éloquence. Mme Marblemug dit seulement : « Oui, très probablement, mais, voyez-vous, c'est l'un de mes vices. M. Oily tente un compliment adroit. Mme Marblemug répond seulement : « Ne le faites pas ! Je vois clair. C'est mal de ma part de voir clair dans les compliments, étant une femme, je le sais. Mais je ne peux m'empêcher de voir clair et de dire que oui. C'est une autre de mes vices. » M. Oily déplace le sujet vers la littérature, et de là, doucement mais sûrement, vers ses propres livres – son deuxième grand sujet après les champs. Mme Marblemug le laisse continuer, parce qu'elle a quelque chose à finir dans son assiette, puis pose son couteau et sa fourchette, le regarde avec une sorte d'indifférence étonnée et interrompt ainsi sa phrase suivante :

"Je crains de ne pas avoir l'air aussi intéressée que je pense que je devrais l'être", dit-elle ; "mais j'aurais peut-être dû vous dire, quand nous nous sommes assis pour la première fois, que j'ai renoncé à lire."

"J'ai abandonné la lecture !" s'exclame M. Oily, abasourdi par l'aveu monstrueux. "Vous voulez dire seulement les déchets qui sont devenus à la mode ces derniers temps ; les morbides et malsains..."

"Non, pas du tout", répond Mme Marblemug . "Si je lis quelque chose, ce serait de la littérature morbide. Mon goût est malsain. C'est un autre de mes vices."

"Ma chère madame, vous êtes étonnée... vous m'effrayez, c'est vrai !" s'écrie M. Oily en agitant la main avec une gracieuse dépréciation et une horreur polie.

"Ne le faites pas", dit Mme Marblemug ; "Vous allez renverser quelques verres à vin et vous blesser. Vous feriez mieux de garder votre main tranquille, c'est vrai que vous l'avez fait. Non, j'ai renoncé à lire, parce que tous les livres me font du mal, les meilleurs, les meilleurs." les plus sains, même vos livres, je suppose, devrais-je dire ; mais je ne peux pas, parce que je vois à travers les compliments et que je méprise les miens, bien sûr, autant que ceux des autres ! , parce que les livres me font du mal – et en rester là. Vous pensez que c'est le cas ? Eh bien, les livres me font du mal, parce qu'ils augmentent ma tendance à être envieux (un de mes pires vices). meilleur est le livre, plus je déteste cet homme parce qu'il a été assez intelligent pour l'écrire – bien plus intelligent que moi, vous savez, qui n'ai pas pu l'écrire du tout, je crois que vous appelez cela Envy. Quoi qu'il en soit, il l'a fait. c'est un de mes vices depuis mon enfance. Non, pas de vin, un peu d'eau, je trouve le vin mauvais, c'est un autre de mes vices, ou, non, peut-être, ce n'est qu'un de mes malheurs. je te parle de livres, mais je n'arrive vraiment pas à les lire, ils me rendent tellement envieux.

Peut-être qu'Oily (qui, comme je le déduis de certains passages de ses Mémoires, pouvait être un homme suffisamment tenace et résolu dans les occasions où sa dignité était en danger) refuse encore vaillamment de se soumettre et de garder le silence, et, changeant de position, s'efforce d'attirer l'attention sur lui. Mme Marblemug sort en posant ses questions. Mais ce nouvel effort ne lui sert à rien. Faites ce qu'il veut, il est toujours accueilli et battu par la dame de la même manière, calme, facile et indifférente ; et, tôt ou tard, même sa bouche distinguée est muselée par Mme Marblemug , comme la bouche de tous les bavards dégénérés de mon temps que j'ai jamais vus en contact avec elle. Ne faut-il pas se fier aux biographes de M. Oily , ou peut-il vraiment s'agir du fait que, au cours de sa longue carrière de conversation, cet homme illustre n'a jamais reçu un seul chèque en forme de Mme Marblemug ? Je n'ai aucune tendresse en faveur de cette dame ; mais quand je réfléchis au caractère de M. Oily, tel qu'il le montre dans ses Mémoires, je suis presque enclin à regretter que lui et Mme Marblemug ne se soient jamais rencontrés. Par rapport à certaines personnes, je la considère involontairement comme une dose de physique morale forte ; et je pense vraiment qu'elle aurait pu faire un bien permanent à mon distingué compatriote.

Pour prendre un autre exemple, il y a le cas de M. Endless, une sommité sociale autrefois brillante, disparue, malheureusement pour la nouvelle génération, à l'époque où nous n'étions pour la plupart que de petits garçons et de petites filles.

Quelle bavarde cette pétillante créature devait être, si l'on en juge par cette publication anonyme et racée (racée était, je pense, le mot principalement utilisé dans la critique du livre par les critiques de l'époque), Evenings with Endless, de A Constant Listener. ! "Je pouvais à peine croire", je me souviens, écrit l'Auditeur, "que le monde était le même après qu'Endless soit sorti de cette scène mortelle. C'était le matin pendant qu'il vivait - c'était le crépuscule, ou pire, quand il est mort. J'étais très intime avec lui. Souvent la main qui écrit ces lignes tremblantes a frappé ce retour familier - souvent ces accents passionnants et incomparables ont écrit le diminutif affectueux de mon prénom. Ce n'était pas tant que sa conversation était incessante (bien que ce soit quelque chose).), car il abordait sans cesse tous les sujets, du ciel à la terre. Sa variété de sujets était la partie la plus étonnante de cet homme étonnant. Sa fertilité d'allusions aux sujets du passé et du présent était vraiment inépuisable. sauté, il voletait, il sautait de thème en thème. Le papillon dans le jardin, l'abeille dans le parterre de fleurs, les changements du kaléidoscope, le soleil et la douche d'un matin d'avril, ne sont que de faibles emblèmes de lui. Avec bien plus encore dans le même but éloquent ; mais pas un mot de la première page à la dernière qui laisse entendre qu'Endless ait jamais été complètement arrêté, à une seule occasion, par l'un des centaines d'auditeurs enchantés devant lesquels il figurait dans ses merveilleuses performances avec la langue de du matin au soir.

Et pourtant, il devait sûrement y avoir des Talk-Stoppers dans le monde, à l'époque du brillant Endless - des talk-stoppers, selon toute probabilité, possédant des caractéristiques similaires à celles que manifeste aujourd'hui dans la société mon exaspérant lien par mariage, M. Spoke. Rouleur.

Il est impossible de dire quelles auraient été les conséquences si mon parent et M. Endless s'étaient un jour réunis. M. Spoke Wheeler est un de ces hommes — une classe nombreuse, à ce qu'il me semble — qui *veulent* parler et qui n'ont absolument aucun sujet à aborder. Sa pratique constante est de tendre silencieusement une embuscade aux sujets lancés par d'autres personnes ; de les retirer immédiatement à leurs propriétaires légitimes ; tournez-les froidement vers ses propres usages ; puis attend à nouveau astucieusement le prochain sujet, appartenant à quelqu'un d'autre, qui passe à sa portée. Il est inutile d'abandonner et de lui laisser prendre les devants : il abandonne invariablement aussi et décline l' honneur . Inutile de recommencer, le voyant apparemment réduit au silence — il redevient bavard dès que vous lui offrez l'occasion de s'emparer de votre nouveau sujet — s'en débarrasse sans la moindre fantaisie, sans goût, ni nouveauté de traitement, en un instant... puis retombe dans un mutisme total dès qu'il a fait taire le reste de la compagnie en leur enlevant leur sujet. Partout où il va, il commet cette atrocité sociale avec la plus parfaite innocence et la bonne humeur la plus provocante , car il croit fermement qu'il est l'un des hommes les plus divertissants qui aient jamais traversé un salon ou fait la fête à une table.

Imaginez M. Spoke Wheeler recevant une invitation à l'un de ces brillants dîners qui contribuaient à rendre les soirées du pétillant Endless si attrayantes pour ses amis et admirateurs. Voyez-le assis modestement à la table avec toutes les apparences de son visage et sa manière d'être l'auditeur le plus persistant et le plus fiable. Endless prend la mesure de son homme, comme il le croit avec trop de confiance, d'un seul coup d'œil brillant ; il se dit : Voici un nouvel adorateur à étonner ; voici le piédestal humain commodément dense et taciturne sur lequel je peux me tenir debout pour tirer mon feu d'artifice - plonge son couteau et sa fourchette, gaiement hospitaliers, dans le plat devant lui (disons une dinde et des truffes, car Endless est aussi un gastronome) comme un bel esprit), et commence par une de ces « allusions fertiles » pour lesquelles il était si célèbre.

"Je ne découpe jamais de dinde sans penser à ce que Madame de Pompadour a dit à Louis XV", commence Endless de sa manière la plus désinvolte. "Je parle de l'époque où la superbe Française arrivait pour la première fois à la cour, et où l'étoile de la belle Châteauroux déclinait devant elle. Qui se souvient de ce que disait Pompadour lorsque le roi insistait pour découper la dinde ?"

Avant que l'entreprise puisse supplier Endless, comme d'habitude, de se souvenir pour eux, M. Spoke Wheeler prend vie et s'empare du sujet.

« Quel état vicieux de la société au temps de Madame de Pompadour ! dit-il avec une sévérité morale. "Qui peut s'étonner que cela ait conduit à la Révolution française ?"

Endless estime que son premier effort pour la soirée est étouffé dans l'œuf et qu'il ne faut pas compter sur le nouvel invité en tant qu'auditeur. Lui, cependant, attend poliment, et tout le monde attend poliment d'en savoir plus sur la Révolution française. M. Spoke Wheeler n'a pas d'autre mot à dire. Il a saisi son sujet – il l'a épuisé – et attend maintenant, avec un sourire impatient sur le visage, de mettre la main sur un autre. Un silence désastreux règne, jusqu'à ce que M. Endless, en hôte et en esprit, lance un nouveau sujet désespéré.

"N'oubliez pas la salade, messieurs", s'exclame-t-il. "L'emblème, comme je l'imagine toujours, de la vie humaine. Le vinaigre piquant corrigé par l'huile douce, comme le malheur d'un jour est compensé par la chance d'un autre. Heigho ! que les moralistes fassent la leçon à leur guise, quelle vraie leçon de joueur l'existence est la nôtre, par sa nature même ! L'amour, la renommée, la richesse, sont les enjeux pour lesquels nous jouons tous ; le monde est la table ; la mort tient la maison, et le destin mélange les cartes selon ma définition, messieurs, homme. est un animal de jeu, et la femme... » Endless s'arrête un instant et porte le verre à ses lèvres pour se donner un air de bacchanale avant d'étonner l'assistance avec un torrent d'éloquence au sujet de la femme. Malheureux homme ! à ce moment-là, M. Spoke Wheeler s'empare de la brillante métaphore du jeu de son hôte et s'enfuit immédiatement avec elle comme sa propre propriété.

« Le pire du jeu, dit-il avec un air de sagesse menaçante, c'est que lorsqu'un homme s'y met, il ne peut plus jamais y renoncer. Cela finit toujours par la ruine. Je connais un homme. dont le fils est dans la flotte et dont la fille est femme de ménage à tout faire dans un hôtel. Le pauvre diable lui-même possédait autrefois vingt mille livres, et il gagne maintenant sa vie en écrivant des lettres de mendicité. Le jeu est un vice dégradant, certes ; il ruine aussi le caractère et la santé d'un homme, ainsi que ses biens. Ah !

"Je crains, mon cher monsieur, que vous n'ayez aucun vice", dit Endless, en colère et sarcastique alors qu'une nouvelle pause suit cet indéniable lieu commun. "La bouteille est avec vous. Abjurez-vous même le plus aimable des défauts humains : le verre joyeux ? Ha !" s'exclame Endless, voyant que son invité va reprendre la parole, et imaginant vainement qu'il pourra l'interrompre cette fois. " Ha ! quelle dette nous avons envers le premier homme qui a découvert le véritable usage du raisin ! Comme il a dû s'enivrer en faisant ses immortelles expériences préliminaires ! Combien de fois sa femme a dû le supplier de considérer sa santé et sa respectabilité, et renoncer à toute investigation ultérieure ! Comme il a dû choquer sa famille avec des hoquets perpétuels, et intriguer les médecins de l'époque avec des maux de tête matinaux incurables ! À la santé de ce merveilleux , de ce magnifique, de cet inestimable être humain, le premier Toper ! le monde ! Le patriarcal Bacchus buvant dans son vignoble antédiluvien ! Quel tableau, messieurs ; quel sujet pour nos artistes ! Scumble , mon cher ami », continue Endless, essoufflé, sentant que M. Spoke Wheeler a repris son sujet, et désireux d'obtenir de l'aide pour empêcher ce gentleman obstiné de faire un quelconque usage des biens volés : « Scumble , votre crayon seul est digne du sujet. Dites-nous, mon prince des peintres, comment le traiteriez-vous ?

Le prince des peintres a la bouche pleine de dinde et paraît plus intrigué que flatté par cet appel complémentaire. Il hésite, et M. Spoke Wheeler se lance aussitôt dans la conversation au sujet de l'ivresse.

"Je vais vous dire", dit le Talk-Stopper, "nous pouvons tous plaisanter sur l'ivresse autant que nous le souhaitons - je ne suis pas un saint et j'aime les blagues aussi bien que tout le monde - mais c'est une chose sacrément sérieuse. Pourtant, les sept dixièmes des crimes dans ce pays sont dus à l'ivresse ; et de toutes les maladies incurables qui déroutent les médecins, le delirium tremens est (après l'hydrophobie) une des pires, moi-même, et j'aime bien boire un verre. c'est un vin exceptionnellement bon que nous buvons maintenant – mais il y a en effet plus que vous ne le pensez à dire sur la question de la tempérance ; »

Même les admirateurs survivants les plus aveugles d'Endless, et parmi les grands bavards en général, oseront-ils affirmer que lui, ou eux, auraient pu se vanter avec la moindre approche du succès en compagnie de M. Spoke Wheeler ou de Mme . Marblemug , ou du colonel Hopkirk , ou de l'une des dizaines d'autres douzaines de personnalités notoires dont je m'abstiens de déranger le lecteur ? Sûrement pas! J'ai sûrement cité suffisamment d'exemples pour prouver la justesse de ma théorie, selon laquelle l'époque où les éminents professeurs de l'art de la conversation pouvaient être assurés d'un public perpétuellement attentif est révolue. Au lieu de pleurer la perte des grands parleurs, nous devrions nous sentir soulagés (si nous avons un réel respect pour eux, ce dont je doute parfois) par leur départ opportun de la scène. Entre les membres de la génération moderne qui ne les auraient pas écoutés, les membres qui n'auraient pas pu les écouter, et les membres qui les auraient confondus, interrompus et coupés court, quelles extrémités de silence obligatoire auraient-ils dû subir s'ils avaient duré jusqu'à notre époque ! Notre cas est peut-être assez lamentable pour ne pas les avoir entendus ; mais combien pire serait leur situation s'ils revenaient dans le monde maintenant et essayaient de nous montrer comment ils ont gagné leur réputation !

Griefs sociaux.—I.
UN VOYAGE À LA RECHERCHE DE RIEN.

[Communiqué par un voyageur anonyme .]

NOTEZ LE PREMIER. ESSAYER DE RESTER SILENCIEUX.

"Oui", dit le médecin en appuyant le bout de ses doigts avec une fermeté tremblante sur mon pouls et en regardant droit dans les pupilles de mes yeux, "oui, je vois : tous les symptômes pointent sans équivoque vers une conclusion : le cerveau. Mon cher monsieur, vous avez travaillé trop dur ; vous avez suivi l'exemple dangereux du reste du monde en cette époque d'affaires et d'agitation, c'est votre plainte. voilà votre remède.

« Vous voulez dire, dis-je, que je dois me taire et ne rien faire ?

"Exactement", répondit le docteur. « Vous ne devez ni lire ni écrire ; vous devez vous abstenir de vous laisser exciter par la société ; vous ne devez avoir aucun ennui ; vous ne devez ressentir aucune anxiété ; vous ne devez pas penser ; vous ne devez être ni exalté ni déprimé ; vous devez respecter les heures matinales. et prenez de temps en temps un tonique, avec un exercice modéré, et un régime nourrissant mais pas trop complet. Surtout, comme un repos parfait est essentiel à votre restauration, vous devez vous en aller à la campagne, prendre la direction qui vous plaira et vivre comme vous le souhaitez. tu veux, tant que tu restes tranquille et tant que tu ne fais rien. »

"Je présume qu'il ne doit pas partir à la campagne sans MOI ?" dit ma femme, qui était présente à l'entretien.

"Certainement pas", répondit le docteur avec une révérence acquiesçante. "Je compte sur votre influence, ma chère Madame, pour encourager notre malade à suivre mes instructions. Il est inutile de les répéter, tant elles sont extrêmement simples et faciles à exécuter. Je répondrai du rétablissement de votre mari s'il veut bien se souvenir. qu'il n'a plus que deux objectifs dans la vie : se taire et ne rien faire.

Ma femme est une femme qui a des habitudes commerciales. Dès que le médecin eut pris congé, elle sortit son portefeuille et rédigea un bref résumé de ses instructions, pour notre orientation future. J'ai regardé par-dessus son épaule et j'ai remarqué que l'entrée se présentait ainsi : -

"Règles pour le rétablissement de la santé du cher William. Pas de lecture; pas d'écriture; pas d'excitation; pas de contrariété; pas d'anxiété; pas de réflexion. Tonique. Pas d'exaltation d'esprit. Bons dîners. Pas de dépression d'esprit. Cher William, faire de petites promenades (avec moi). Se coucher tôt. Se lever tôt. NB : Gardez-le tranquille. Mém. : Attention, il ne fait rien.

Ça te dérange que je ne fasse rien ? Inutile de vous en préoccuper. Je n'ai pas eu de vacances depuis que je suis petit. Oh, bienheureuse Paresse, après les années d'une industrie impitoyable qui nous ont séparés, allons-nous enfin nous réunir à nouveau, toi et moi ? Oh, ma main droite fatiguée, n'as-tu vraiment plus mal à conduire la plume incessante ? Puis-je, en effet, vous mettre dans ma poche et vous laisser y reposer, indolemment, pendant des heures ensemble ? Oui! car je dois enfin commencer à ne rien faire. Tâche délicieuse qui s'accomplit toute seule ! Une responsabilité bienvenue qui porte son poids en douceur sur ses propres épaules !

Ces pensées brillent agréablement dans mon esprit après le départ du médecin, et répandent une gaieté facile sur mon esprit lorsque ma femme et moi partons, le lendemain, pour la campagne. Nous n'allons pas faire le tour des points d'eau bruyants et nous n'avons pas l'intention d'accepter aucune invitation à rejoindre les cercles réunis par des amis festifs de la campagne. Ma femme, guidée uniquement par le résumé des instructions du médecin dans son portefeuille, a décidé que la seule façon de me garder absolument tranquille et d'être sûr de ne rien faire, était de m'emmener dans un joli village retiré et de m'a hébergé dans une petite auberge de campagne primitive et simple. Je n'oppose aucune objection à ce projet, non pas parce que je n'ai pas de volonté propre et que je ne suis pas maître de tous mes mouvements, mais seulement parce que je suis d'accord avec ma femme. Considérant à quel point je suis naturellement un homme très indépendant, il m'a parfois semblé, comme une circonstance assez remarquable, que je suis toujours d'accord avec elle.

Nous retrouvons le joli village retiré. Un endroit charmant, plein de chaumières avec des plantes grimpantes aux portes, comme les premières leçons faciles des cahiers de maîtres de dessin. On retrouve l'auberge simple, exactement le genre de maison dont les romanciers aiment tant parler, avec les rideaux de neige et les draps parfumés à la lavande, et la logeuse matrone et le panneau indicateur amusant. Cet Elysée s'appelle la Tête de Nag. Le Nag's Head peut-il nous accueillir ? Oui, avec une charmante chambre et un joli salon . Ma femme enlève son bonnet et s'installe directement chez elle. Elle hoche la tête avec un air triomphant. Oui, chérie, à cette occasion aussi, je suis tout à fait d'accord avec toi. Ici nous avons trouvé un calme parfait ; ici, on peut être sûr d'obéir aux ordres du médecin ; nous voilà enfin découvert : rien.

Rien! Ai-je rien dit ? Nous arrivons au Nag's Head tard dans la soirée, prenons notre thé, nous couchons fatigués du voyage, dormons délicieusement jusqu'à environ trois heures du matin et, à cette heure, commençons à découvrir qu'il y a effectivement des bruits même dans ce pays isolé et isolé. Ils élèvent des volailles à Nag's Head ; et, à trois heures, le coq se met à chanter et les poules à glousser sous notre fenêtre. Pastoral, ma chère, et évocateur d'œufs au petit-déjeuner dont la réputation est au-dessus de tout soupçon ; mais j'aimerais que ces joyeux oiseaux ne se réveillent pas si tôt. Y a-t-il aussi des chiens, mon amour, à Nag's Head, et essaient-ils d'aboyer pour réprimer les chants et les gloussements des oiseaux joyeux ? Je voudrais me prémunir contre la possibilité de me tromper, mais je crois entendre trois chiens. Un chien strident qui aboie rapidement ; un chien mélancolique qui hurle de façon monotone ; et un chien rauque qui émet des aboiements par intervalles comme de minuscules fusils. Est-ce que ça dure longtemps ? Apparemment, c'est le cas. Ma chère, si vous vous référez à votre portefeuille, je pense que vous constaterez que le médecin a recommandé d'aller tôt. Nous ne serons pas inquiets et ne nous plaindrons pas d'avoir notre sommeil matinal perturbé ; nous serons contents et dirons seulement qu'il est temps de nous lever.

Petit-déjeuner. Repas délicieux, attardons-nous dessus aussi longtemps que nous le pouvons, attardons-nous, si possible, jusqu'à ce que la tranquillité somnolente de midi commence à sombrer sur ce village isolé.

Étrange! mais maintenant j'y repense, est-ce que j'entends ou n'entends pas un martèlement incessant sur le chemin ? Aucune manufacture n'est pratiquée dans ce lieu paisible, aucune nouvelle maison n'est construite ; et pourtant il y a un tel martèlement que, si je ferme les yeux, je me crois presque aux alentours d'un chantier naval. Les wagons aussi. Pourquoi un chariot qui fait si peu de bruit à Londres fait-il tant de bruit ici ? La poussière sur la route est-elle une poudre détonante qui explose avec un bruit à chaque tour des lourdes roues ? Le chariot fait-il claquer son fouet ou tirer avec un pistolet pour encourager ses chevaux ? Les enfants, ensuite. Il n'y en a que cinq, et depuis une demi-heure, ils n'arrivent pas à décider à quel match ils joueront. Sur deux points seulement, ils paraissent unanimes : ils sont tous d'accord pour faire du bruit et s'arrêter pour le faire sous notre fenêtre. Je crois que je risque d'oublier une prescription du médecin : j'ai plutôt l'impression de me laisser ennuyer.

Faisons un tour dans le jardin, à l'arrière de la maison. Encore des chiens. La cour est d'un côté du jardin. Chaque fois que notre promenade nous en approche, le chien aigu aboie et le chien rauque grogne. Le médecin me dit de ne pas avoir d'anxiété. Je souffre d'angoisses dévorantes. Ces chiens peuvent se déchaîner et voler vers nous, même si je sais le contraire, à tout moment. Que dois-je faire ? Me donner une goutte de tonique ? ou échapper quelques heures aux bruits perpétuels de ce lieu retiré en faisant une promenade en voiture ? Ma femme dit, fais un tour en voiture. Je pense avoir déjà mentionné que je suis invariablement d'accord avec ma femme.

Le trajet réussit à nous procurer un peu de calme. Mes instructions au cocher sont de nous emmener où bon lui semble, à condition qu'il se tienne à l'écart des villages isolés. Nous subissons beaucoup de secousses dans les ruelles et rencontrons une grande variété de mauvaises odeurs. Mais une mauvaise odeur est une nuisance silencieuse et je suis prêt à la supporter patiemment. Vers l'heure du dîner, nous retournons à notre auberge. Viande, légumes, pudding, tous excellents, propres et parfaitement cuits. Un dîner aussi bon que je souhaiterais jamais manger ; dois-je faire une petite sieste après cela ? Les poules, les chiens, le marteau, les enfants, les chariots se taisent enfin. Y a-t-il autre chose qui fasse du bruit ? Oui : il y a la population active du lieu.

Le soir approche et les fils du travail se rassemblent sur les bancs placés à l'extérieur de l'auberge pour boire. Quelle scène délicieuse ils feraient de cet événement quotidien et convivial sur scène ! Comme les simples créatures tintaient leurs tasses en fer-blanc, buvaient à la santé des autres et riaient joyeusement en chœur ! Comme les paysannes entraient en scène et attiraient tendrement les hommes à la danse ! Où sont la pipe et le tabor que j'ai vus sur tant de tableaux ; où sont les chansons simples que j'ai lues dans tant de poèmes ? Qu'entends-je en écoutant, allongé sur le canapé, le rassemblement nocturne de la foule rustique ? Des serments, rien, sur ma parole d' honneur , que des serments ! Je regarde dehors et je vois des bandes de sauvages cadavériques, buvant sombrement dans des chopes brunes et s'insultant à chaque fois qu'ils ouvrent la bouche. Jamais, dans aucune grande ville, chez moi ou à l'étranger, je n'ai été exposé à un feu aussi incessant de mots non imprimables qui assaillent maintenant mes oreilles dans ce village primitif. Aucun homme ne peut boire à un autre sans l'insulter au préalable. Aucun homme ne peut poser une question sans ajouter à la fin une marque d'interrogation en forme de serment. Qu'ils se disputent (ce qui est le cas pour la plupart) ou qu'ils soient d'accord ; s'ils parlent de leurs ennuis ici ou de leur chance là-bas ; qu'ils racontent une histoire, qu'ils proposent un toast, qu'ils donnent une commande ou qu'ils critiquent la bière, ces hommes semblent absolument incapables de parler sans une tolérance d'au moins cinq gros mots pour chaque mot juste qui sort de la bouche. leurs lèvres. L'anglais est réduit dans leur bouche à un bref vocabulaire de toutes les expressions les plus viles de la langue. Nous sommes à une époque de civilisation ; c'est un pays chrétien ; en face de moi, je vois un édifice avec une flèche, qu'on appelle, je crois, une église ; Il n'y a pas une heure, devant ma fenêtre, s'est mise à trembler une jolie chaise de poney avec un gentleman à l'intérieur, vêtu d'un large drap noir brillant, et populairement connu sous le nom et le titre d'ecclésiastique. Et pourtant, sous toutes ces bonnes influences, sont assis ici vingt ou trente hommes dont les propos ordinaires à table sont si outrageusement bestiaux et blasphématoires, qu'aucune phrase de ce discours, même si elle a duré toute la soirée, n'a pu être imprimée, comme un spécimen, pour inspection publique dans ces pages. Lorsque l'étranger intelligent viendra en Angleterre et que je lui dirai (comme je suis sûr de le faire) que nous sommes le peuple le plus moral de l'univers, je veillerai bien à ce qu'il ne mette pas les pieds dans un village britannique isolé lorsqu'il viendra. la population rurale se repose sur sa chope de petite bière après les travaux de la journée.

Je ne suis pas une personne délicate, ma femme non plus, mais les relations sociales des villageois nous chassent de notre chambre et nous envoient nous réfugier à l'arrière de la maison. Est-ce que nous gagnons quelque chose à ce changement ? Rien du tout.

Le salon du fond , dans lequel nous nous sommes maintenant retirés, donne sur un terrain de boules ; et il y a plus de bancs, plus de chopes de bière, plus de villageois grossiers sur le terrain de boules. Immédiatement sous notre fenêtre se trouvent un banc et une table pour deux personnes, sur lesquels sont assis un vieil homme ivre et une vieille femme ivre. Le vieux en pantalon offre le mariage au vieux en jupon, avec d'effroyables serments d'affection. Jamais auparavant je n'avais imaginé que les jurons pouvaient être détournés à des fins de cour. Jamais auparavant je n'aurais cru qu'un homme pût faire une offre de sa main en hurlant des imprécations sur ses yeux, ni que toutes les puissances des régions infernales pussent être convenablement convoquées pour témoigner des battements du cœur d'un amant sous l'influence du tendre passion. Je le sais maintenant, et j'en retire si peu de satisfaction, que je décide de faire retirer les deux vieux ivrognes intolérables de la fenêtre et de les envoyer continuer leur cour injurieuse ailleurs. Le palefrenier se prélasse autour du terrain de boules, grattant ses bras nus et musclés et bâillant sinistrement dans la douce lumière du soleil du soir. Je lui fais signe et lui demande s'il ne pense pas que ces deux vieillards ont assez bu de la bière ? Oui, le palefrenier pense que oui. Je demande ensuite s'ils peuvent être expulsés des lieux, avant que leur langage ne se détériore, sans risquer de provoquer de grands troubles. Le palefrenier dit : Oui, ils le peuvent et appelle le potboy. Quand le potboy arrive, il dit : « Maintenant, Jack ! et arrache la table des mains des deux vieillards grivois sans ajouter un mot. La pipe du vieillard est sur la table ; il se lève et titube pour s'en emparer ; la vieille femme se lève aussi pour le tenir par le bras, de peur qu'il ne tombe à plat ventre. Au moment où ils quittent le banc, le garçon de pot arrache leur siège derrière eux et rejoint tranquillement le palefrenier qui transporte leur table dans l'auberge. Aucun des autres buveurs ne rit de ce procédé ni n'y prête attention ; et les deux vieillards ivres, laissés impuissants sur leurs jambes, s'éloignent faiblement sans attirer le moindre regard. Le stratagème astucieux que le palefrenier et le potboy viennent d'exécuter est évidemment le moyen habituel et le seul possible de faire savoir aux buveurs qu'ils en ont assez au Nag's Head. Où vivaient ces insulaires sauvages dont un certain capitaine de vaisseau décrivait autrefois les manières comme n'étant pas du tout des manières, et dont il réprouvait certaines coutumes comme étant très méchantes ? Si je ne savais pas que nous sommes à plusieurs milles de la côte, je serais presque disposé à soupçonner que le voyageur marin dont je viens de citer l'opinion avait touché le Nag's Head.

Comme il est impossible d'arracher toutes les tables et tous les bancs de toute la compagnie buvant et jurant devant et derrière la maison, je demande au palefrenier , la prochaine fois qu'il s'approchera de la fenêtre, à quelle heure le robinet sera ouvert. se ferme? Il me le dit à onze heures. Il est à peine besoin de dire que nous remettons le coucher à cette heure où nous nous retirons pour la nuit, trempés de la tête aux pieds, si je puis ainsi parler, sous un flot de gros langages.

Je passe prudemment la tête par la fenêtre et constate que les lumières de la salle des fêtes sont bien éteintes à l'heure dite. J'entends les buveurs suinter grossièrement dans la pure fraîcheur de la nuit d'été. Ils grognent tous ensemble ; ils vont tous ensemble. Tous? Pécheur et souffrant que je suis, j'ai été prématuré pour arriver à cette heureuse conclusion ! Six esprits de choix, avec l'horreur sociale dans l'âme de rentrer se coucher, s'appuient contre le mur de l'auberge et continuent la conversation de la soirée dans l'obscurité. Je les entends se maudire par leur nom. Nous avons Tom, Dick et Sam, Jem, Bill et Bob pour nous animer sous notre fenêtre, une fois au lit. Ils commencent naturellement à s'améliorer mutuellement en se disputant. La musique suit et apaise les conflits, sous la forme d'un duo local, chanté par des voix d'une vaste étendue, qui s'élèvent en une seule note depuis les basses hurlantes jusqu'aux aigus craqués. Le bâillement suit le duo ; bâillements longs, bruyants et las de toute la compagnie en chœur. Cet amusement terminé, Tom demande du « baccer » à Dick, et Dick nie en avoir, et Tom lui dit qu'il ment, et Sam intervient et dit : « Non, il n'en a pas », et Jem dit à Sam qu'il ment. , et Bill lui dit que s'il était Sam, il frapperait la tête de Jem, et Bob, apparemment étouffant la bataille de loin et n'aimant pas son odeur, crie soudain une bonne nuit pacifique au loin. Le salut d'adieu semble apaiser la tempête qui s'annonce. Ils rugissent tous en réponse au rugissement de bonne nuit de Bob. S'ensuit un moment de silence, en fait un moment, puis une répétition en chœur du long bâillement bruyant et las, puis un autre moment de silence, puis Jem crie soudain à Bob qui se retire de revenir. Bob refuse, adouci par la distance. Jem insiste et ses quatre amis le rejoignent. Bob cède et revient. Un cri d'indignation au loin dans le village : la femme de Bob a sa fenêtre ouverte et l'a entendu consentir à retourner chez ses amis. Rires chaleureux des cinq amis de Bob ; les cris de la femme de Bob ; articule des cris, informant Bob qu'elle « lui coupera le foie » s'il ne rentre pas directement à la maison. Répondre aux malédictions de Bob ; il « écrasera » sa femme si elle ne tient pas sa langue. Une chanson en chœur des cinq amis de Bob. Indigné par ce temps insupportable, je saute du lit et m'empare de la cruche d'eau. Ma femme, ayant toujours à l'esprit les instructions du médecin, me supplie d'un ton déchirant de me rappeler que je suis sous l'ordre médical strict de ne pas m'exciter. Je ne prête pas attention à ses remontrances et m'avance vers la fenêtre avec la cruche. Je m'arrête avant de vider l'eau sur les têtes de l'assemblée en dessous ; Je m'arrête et j'entends... O ! le son le plus mélodieux et le plus apprécié ! — la chute soudaine de la pluie. Le ciel miséricordieux m'a anticipé ; le « commis à la météo » a été frappé par mon idée de disperser le Nag's Head Night Club, par l'eau. Au moment où j'ai posé la cruche et me suis recouché, le silence – le silence primitif, la première, la plus importante de toutes les influences terrestres – tombe enfin doucement sur notre taverne.

Cette nuit-là, avant de m'endormir avec lassitude pour me reposer, j'ai encore une fois la satisfaction de me mettre d'accord avec ma femme. Chère et admirable femme ! elle propose de quitter ce village isolé dès demain matin. Jamais je n'ai partagé son opinion plus cordialement qu'aujourd'hui. Au lieu de rester calme, j'ai vécu dans une région de perpétuels troubles ; et quant à ne rien faire, mon esprit a été si agité et si perturbé que je n'ai même pas eu le temps d'y penser. Nous irons, mon amour, comme tu le suggères si judicieusement, nous irons dès le matin, dans n'importe quel endroit que tu voudras, pourvu qu'il soit assez grand pour avaler les petits bruits. Où, sur toute la surface de cette terre bruyante, peut-on trouver le bienfait de la tranquillité , je l'ignore ; mais ce que je sais, c'est qu'un village anglais isolé est le tout dernier endroit vers lequel un homme devrait songer à tourner ses pas, si le but principal de sa promenade dans la vie est de découvrir le calme.

NOTEZ LE DEUXIÈME. DÉCOUVERTE DE – RIEN.

Le lendemain matin, nous continuons notre route en direction de la côte et arrivons à une grande station d'eau.

Constatant qu'il est, à tous égards, aussi différent que possible du village isolé, nous décidons de nous installer dans cette ville peuplée et parfaitement tranquille. Nous prenons un logement face à la mer. Il y a du bruit autour de nous, des bruits divers et forts, comme j'aurais dû le penser si je n'étais pas venu d'un village ; mais tout est comparatif, et, après l'expérience passée que j'ai vécue, je trouve notre nouveau lieu de résidence suffisamment calme pour répondre aux attentes modérées que j'ai maintenant appris à former au sujet de la paix dans ce monde. Ici, je peux au moins penser presque sans interruption aux ordres du médecin. Ici, je peux sûrement commencer ma nouvelle vie et jouir du luxe de ne rien faire.

Je suppose que c'est *un* luxe ; et pourtant l'homme est si pervers que je ne sais pas si je ne commence pas à le trouver dès le début comme une épreuve. Peut-être que ma vie occupée et active m'a rendu inapte à apprécier à sa juste valeur le bonheur d'être oisif. Peut-être suis-je naturellement d'une constitution agitée et fiévreuse. Quoi qu'il en soit, il est certain que le premier jour où je me décide sérieusement à ne rien faire, je ne trouve pas dans l'exécution de ma résolution le suprême réconfort que j'avais espéré. Je m'efforce de lutter contre la conviction (qui me volera néanmoins) que je n'ai changé qu'un type de travail acharné pour un autre plus dur. J'essaie de me persuader que le temps ne me pèse pas du tout et que je suis plus heureux sans rien faire que je ne l'ai jamais été avec une longue journée de travail devant moi. Est-ce que je réussis ou est-ce que j'échoue dans cette tentative méritoire ? Permettez-moi d'écrire les résultats de ma première journée d'expérience de l'Art de ne rien faire, et laissez le lecteur régler la question pour moi.

Petit-déjeuner à neuf heures, pour ne pas en faire une journée trop longue. Parmi les autres choses sur la table se trouvent des crevettes. Je me surprends à aimer les crevettes pour une toute nouvelle raison : elles mettent tellement de temps à être mangées. Eh bien, le petit déjeuner est enfin terminé : j'en ai bien assez, et pourtant je regrette goulûment quand la table est débarrassée. Si j'étais en bonne santé, je devrais maintenant aller à mon bureau ou prendre un livre. Mais je ne suis pas en bonne santé et je ne dois rien faire. Et si je regardais par la fenêtre ? J'espère que c'est suffisamment inutile pour commencer .

La mer, oui, oui, la mer ! Très grand, très gris, très calme ; très calme, très gris, très grand. Autre chose sur la mer ? Rien d'autre sur la mer.

Oui, des navires. Un gros navire devant, deux petits navires derrière. (À quelle heure allons-nous dîner, ma chère ? À cinq heures ? Certainement à cinq heures !) Un gros navire devant, deux petits navires derrière. Plus rien à voir ? Rien.

Permettez-moi de revenir dans la pièce et d'étudier les sujets de ces gravures sur les murs. Première impression :—Mort du comte de Chatham à la Chambre des Lords, d'après Copley, RA Exactement ainsi. Curieuse idée que suggère ce tableau sur l'uniformité de l'apparence personnelle qui a dû distinguer les pairs au siècle dernier. Voici une maison pleine de nobles seigneurs, et chacun d'eux est exactement comme l'autre. Tout noble seigneur est grand, tout noble seigneur est corpulent, tout noble seigneur a un long front fuyant et un majestueux nez romain. Impair; et conduisant à des réflexions sur les changements physiques qui ont dû survenir au cours de la pairie d'aujourd'hui, auxquelles je pourrais respectueusement me livrer, si le médecin ne m'avait ordonné de m'abstenir de penser.

Dans les circonstances comme je le suis, je dois tristement écarter la mort du comte de Chatham et passer de l'œuvre de Copley, RA, aux autres gravures sur les murs. Cher, cher moi ! Maintenant, je regarde à nouveau, il n'y a rien à quoi passer. Il n'existe que deux autres gravures, et ce sont toutes deux des paysages classiques. Si détérioré que soit l'état actuel de mes facultés, mon esprit n'est pas encore tombé au niveau du paysage classique. Il me reste encore assez de bon sens pour ne pas croire en Claude et Poussin en tant que peintres de paysages italiens. Passons de la contrefaçon classique à la réalité moderne. Laissez-moi regarder à nouveau la mer.

Toujours aussi grand, toujours aussi gris, toujours aussi calme. D'autres navires ? Non; toujours le seul gros navire devant ; toujours les deux petits bateaux derrière. Ils n'ont pas le moins du monde modifié leurs positions relatives. Dans combien de temps est-il l'heure du dîner ? Six heures et quart. Que dois-je faire ? Rien.

Et si j'allais faire une petite promenade ? (Non, ma chérie, je ne me fatiguerai pas ; je reviendrai tout frais pour vous emmener dehors dans l'après-midi.) Eh bien, par où dois-je aller, maintenant je suis sur le pas de la porte ? Il y a deux promenades à cet endroit. Marchez d'abord, le long de la falaise vers l'ouest ; deuxième promenade, le long de la falaise vers l'est. Quelle direction dois-je prendre ? Je suis naturellement un des hommes les plus décidés du monde ; mais ne rien faire semble m'avoir déjà privé de ma force de volonté habituelle. Je vais me lancer pour ça. Se dirige vers l'ouest ; queues, vers l'est. Têtes ! Faut-il considérer cela comme concluant ? ou dois-je recommencer et essayer le meilleur des trois ? Je vais essayer le meilleur des trois, car cela prend plus de temps. Pile, face, face ! Toujours vers l'ouest. C'est sûrement le destin. Ou bien se peut-il que l'inaction m'ait rendu à la fois superstitieux et indécis ? Pas grave; Je vais aller vers l'ouest et voir ce qui se passe.

Je déambule le long du chemin près des grilles de fer ; puis descendez un petit creux, au fond duquel se trouve un siège donnant sur un chantier naval. Tout près de moi se trouve un petit caboteur sur les cales en réparation. Personne à bord, mais un vieil homme au travail. Au travail, ai-je dit ? Oh, heureuse chance ! Ce vieux réparateur de navires est celui-là même, entre tous les autres, que j'avais le plus besoin de rencontrer, celui-là même qui pouvait m'aider dans mon urgence actuelle. Avant de l'avoir regardé deux minutes, je sens que je me trouve en présence d'un grand professeur de l'art de ne rien faire. Vers ce sage, pour écouter ses préceptes et profiter de son exemple, le destin m'a doucement poussé, quand je me tournais pour décider entre l'orient et l'occident. Laissez-moi suivre ses débats ; permettez-moi d'apprendre à tourner au ralenti systématiquement en observant les actions de cet homme vénérable.

Il est assis sur le côté gauche du navire lorsque je le regarde pour la première fois. Dans une main, il tient un clou tordu ; dans l'autre, un marteau. Il tousse lentement et regarde la mer ; il soupire lentement et regarde vers la terre ; il se lève lentement et examine le pont du navire ; il se penche lentement, ramasse un morceau de fer plat, le pose sur le pavois et y place le clou tordu, puis s'assoit et regarde l'effet de l'arrangement jusqu'à présent. Lorsqu'il en a assez de cet arrangement, il donne à nouveau un tour à la mer, puis à la terre.

Après cela, il recule un peu et regarde le marteau, le pèse doucement dans sa main, humidifie sa main, s'avance vers le clou tordu sur le morceau de fer, gémit doucement et secoue la tête en le regardant, donne trois coups délibérés avec le marteau, pour le redresser, constate qu'il n'y parvient pas; il gémit à nouveau doucement, secoue à nouveau la tête, s'assoit à nouveau et se repose sur le côté gauche du navire. Depuis que je l'ai vu pour la première fois, je l'ai chronométré à l'aide de ma montre : il a tué un quart d'heure à cause de ce clou tordu, et il ne l'a pas encore redressé ! Homme merveilleux, pourrai-je un jour espérer rivaliser avec lui ? Va-t-il daigner me parler ? Rester! Je ne suis pas libre de le juger ; le médecin m'a dit de ne pas m'exciter avec le monde ; toute communion d'esprit entre moi et cet oisif accompli et parfait est, je le crains, interdite. Mieux vaut continuer son chemin, revenir et le regarder à nouveau.

J'avance et je m'assois ; marchez encore un peu et rasseyez-vous ; je marche pour la troisième fois, je m'assois pour la troisième fois, et il y a toujours la falaise d'un côté de moi, et le grand navire et les deux petits navires de l'autre. Je reviens sur mes pas, prenant le plus de temps possible pour regagner le siège au-dessus du navire caboteur. Où est mon vieil ami, mon estimé professeur, mon brillant et brillant exemple dans l'art difficile de ne rien faire ? Assis sur le côté droit du vaisseau cette fois, avec le fer plat sur le côté droit également, avec le marteau toujours à la main, et, comme je vis, avec le clou tordu pas encore redressé ! J'observe cela et me détourne rapidement avec le désespoir dans le cœur. Comment puis-je, moi, un débutant qui ne fais rien, espérer imiter ce vieil homme accompli ? Il est vain d'espérer le succès ici – vain d'espérer autre chose que l'heure du dîner. Combien d'heures encore ? Quatre. Si je rentre chez moi maintenant, comment pourrais-je continuer à ne rien faire ? Le déjeuner, peut-être, m'aidera un peu. Tout à fait ! Disons un verre de vieille bière et un biscuit. J'aimerais ajouter des crevettes — si je n'avais pas peur de la désapprobation de ma femme — simplement pour essayer si je ne pourrais pas les soigner, comme mon vieil ami du caboteur traitait le clou tordu.

Trois heures et demie avant l'heure du dîner. J'ai bu mon biscuit et mon verre de vieille bière. N'étant pas habitué aux liqueurs de malt en milieu de journée, mon déjeuner m'a embrouillé. Il y a un léger chant dans mes oreilles, une somnolence intense dans mes paupières, une chaleur agréable autour de mon ventre et une sensation dans ma tête comme si la cervelle avait coulé hors de moi et que la cavité de mon crâne était remplie de coton. imprégné de laudanum. Ce n'est pas du tout une sensation désagréable. Je ne suis pas inquiet ; Je ne pense à rien. J'ai le pouvoir de regarder fixement par la fenêtre le grand navire et les deux petits navires, que je ne m'étais pas jusqu'ici accordé le mérite de posséder. Si seulement ma femme poussait un fauteuil près de moi, je pourrais m'y enfoncer et m'endormir ; mais elle ne fera rien de tel. Elle met son bonnet : c'est l'heure de l'après-midi à laquelle nous devons nous sortir affectueusement, pour notre petite promenade.

La compagnie de l'abreuvoir fait aussi sa petite promenade en ce moment. Sans l'influence géniale de la bière forte, je devrais maintenant faire mes observations et aller à l'encontre des ordres du médecin en laissant mon esprit s'occuper. En l'état, j'avance lentement, perdu dans une transe solennelle de bière.

Une seule circonstance, au cours de notre promenade, est assez marquante pour attirer mon attention endormie. Je parviens juste à constater, avec autant de surprise et de regret que je suis capable d'en éprouver à l'instant présent, que ma femme déteste apparemment toutes les femmes que nous rencontrons, et que toutes les femmes que nous rencontrons semblent, à en juger par leur apparence, répondez au compliment en détestant ma femme. Nous croisons une infinité de filles, toutes plus ou moins rondelettes, toutes plus ou moins saines, toutes plus ou moins éclipsées par des chapeaux de bord de mer excentriques ; et ma femme ne permet pas qu'aucune de ces jeunes créatures soit même assez jolie. Les jeunes créatures, de leur côté, regardent avec tant de mépris le bonnet et la robe de ma femme, que je me sentirais mal à l'aise quant à la convenance de son costume, si je n'étais sous l'influence réconfortante de la bière forte. Que signifie ce désagréable manque d'harmonie entre les membres du beau sexe ? Est-ce qu'une femme déteste une autre femme parce qu'elle est une femme, n'est-ce pas ? Comme c'est choquant si c'est le cas ! Je n'ai aucune envie de dénigrer les autres hommes que je rencontre au cours de ma promenade. Les autres hommes ne me jetaient aucun regard dédaigneux. Nous, seigneurs de la création, nous contentons d'être beaux et attirants à nos diverses manières, sans nous disputer brusquement la palme de la beauté. Pourquoi les femmes ne peuvent-elles pas suivre notre exemple méritoire ? Quelqu'un résoudra-t-il ce curieux problème de morale sociale ? Les ordres du médecin m'interdisent de tenter cet exploit intellectuel. La nécessité impérieuse de ne rien faire me restreint à un seul sujet de contemplation mentale : l'heure du dîner. Combien de temps s'écoule-t-il, maintenant que nous sommes revenus de notre promenade, jusqu'à ce moment-là ? Deux heures et quart. Je ne peux plus regarder par la fenêtre, car je sais d'instinct que les trois navires et la mer calme et grise m'attendent toujours. Je ne peux pas pousser un nouveau soupir de patriote à propos de la « mort du comte de Chatham ». Je suis trop fatigué pour sortir et voir comment le vieux caboteur s'en sort avec le clou tordu. Bref, je suis conduit à mon dernier refuge. Je dois faire une sieste.

La sieste dure plus d'une heure. Ses résultats peuvent tous être résumés dans un mot significatif et terrible : Fidgets. Je sursaute convulsivement du canapé et m'assois tout droit sur une chaise. Ma femme est en face de moi, tranquillement occupée à son travail. Il est une heure et cinq minutes avant l'heure du dîner. Que dois-je faire? Dois-je apaiser mes émotions et adoucir ma nature sauvage en regardant ma femme pour voir comment elle s'acquitte de son travail ?

Elle a une bande de calicot, ou quelque chose de ce genre, percée partout de petits trous, et elle coud autour de chaque petit trou avec son aiguille et son fil. Monotone, pour un esprit masculin. Le perçage des trous doit-il sûrement être la partie la plus agréable de ce genre de travail ? Et ça se fait au magasin, n'est-ce pas, chérie ? Comme c'est curieux !

Ma femme fait-elle des lacets trop serrés ? Je n'ai jamais eu le loisir de la regarder aussi longtemps et avec autant d'attention que je le fais maintenant ; Jusqu'à présent, je me suis contenté sans réserve de prendre sa taille pour acquise. Maintenant, j'ai des doutes à ce sujet. Je trouve que la femme qui me tient à cœur ressemble un peu trop à un sablier. Est-ce qu'elle digère ? Bonté divine! Dans l'état actuel de ses séjours, comment savoir si elle digère ?

Puis, quant à ses cheveux : je ne m'oppose pas à ce qu'on les coiffe, mais je trouve — assez étrangement, pour la première fois depuis notre mariage — qu'elle utilise trop de graisse d'ours et de bandoline . Je vois un fin bord de bandoline , brillant juste à l'extérieur de la ligne de cheveux contre ses tempes, comme du vernis sur une photo. Cela ne fonctionnera pas – oh, mon Dieu, non – cela ne fonctionnera pas du tout. Ses mains feront-elles l'affaire ? Certainement pas! Je découvre, pour la première fois, que ses mains non plus ne suffisent pas. Je suis heureusement prêt à supporter qu'ils ne soient pas assez blancs, mais que veut dire cette femme par avoir des bouts de doigts si ronds ? Pourquoi ne diminuent-ils pas ? J'ai toujours pensé qu'ils avaient diminué jusqu'à ce moment. Je commence à être mécontent d'elle ; Je commence à penser que ma femme n'est pas la charmante femme pour laquelle je la prenais. Quel est le problème avec moi? Est-ce que je la regarde avec des perceptions déjà rendues morbides par une oisiveté excessive ? Est-ce cette terrible nécessité de ne rien faire, pour finir par saper les fondements de ma tranquillité matrimoniale , et par faire tomber tout mon édifice conjugal dans l'abîme sans fond des Communes des Docteurs ? Horrible!

La porte de la chambre s'ouvre et me tire comme du rêve hideux où l'individualité de ma femme s'est entièrement altérée à mes yeux. Il n'est qu'une demi-heure avant le dîner ; et le serviteur est entré pour poser le drap. En présence du grand événement du jour, je me sens à nouveau. Une fois de plus, je crois à la minceur naturelle de la taille de ma femme ; une fois de plus, je me contente du dessus de ses doigts. Maintenant, je vois enfin comment me rendre à l'heure du coucher. En supposant que nous puissions faire durer le dîner deux heures ; en supposant que je puisse faire une autre sieste après cela ; en supposant--

Non! Je ne peux rien supposer de plus, car j'ai vraiment honte de compléter le tableau dégradant de moi-même que ma plume a dressé jusqu'à présent. Assez a été écrit – plus qu'assez, je le crains – pour montrer à quel point j'ai complètement échoué lors de ma première tentative de ne rien faire. Le travail le plus dur que j'ai jamais eu à accomplir n'était pas aussi difficile à supporter que cette oisiveté forcée. Plus jamais je ne murmurerai sous les saines nécessités du travail. Plus jamais, si seulement je parviens à me rétablir, une journée sans rien faire ne sera considérée pour moi comme une agréable période de vacances. Je me suis enfui en pleine nuit, au mépris catégorique des instructions du médecin, pour soulager mon indicible lassitude en écrivant ces lignes. Je les présente au monde comme le bref récit personnel d'un homme des plus malheureux. Si je ne respecte pas systématiquement les conseils médicaux, je vais me rendre malade. Si j'y obéis consciencieusement, comment puis-je m'en sortir demain ? Je ne dois pas travailler et je ne peux pas rester inactif. Quelqu'un aura-t-il la gentillesse de me dire ce que je dois faire ?

COINS ET COINS DE L'HISTOIRE.

I.
La vengeance d'une reine.

Le nom de Gustave -Adolphe, le fidèle protestant, le grand général et le bon roi de Suède, est depuis longtemps devenu familier aux lecteurs d'histoire anglais. Nous savons tous à quel point ce célèbre guerrier et monarque était aimé de ses soldats et de ses sujets, avec quel succès il a combattu pendant une guerre longue et terrible et avec quelle noblesse il est mort sur le champ de bataille. Cependant, avec sa mort, l'intérêt du lecteur anglais pour les affaires suédoises semble cesser. Ceux qui ont suivi attentivement le récit de sa vie jusqu'au bout se souviennent peut-être qu'il a laissé derrière lui une enfant unique, une fille nommée Christina. Mais le public anglais est, pour la plupart, totalement ignorant du caractère de cette enfant et de ses aventures extraordinaires après qu'elle soit devenue une femme. Dans la littérature populaire historique et romantique de France, la reine Christine est un personnage notoire. Dans la littérature de ce pays, elle n'a jusqu'à présent eu que peu de chances de se faire connaître du monde en général.

Et pourtant, la vie de Christina est en soi une romance. À six ans, elle était reine de Suède, avec pour tuteur le célèbre Oxenstiern . Ce grand et bon homme gouverna le royaume en son nom jusqu'à ce qu'elle ait vécu sa minorité. Quatre ans après son couronnement, elle abdiqua de son propre gré ses droits en faveur de son cousin Charles Gustave . Jeune et belle, femme la plus savante et la plus accomplie de son temps, elle tourna résolument le dos au trône de son héritage et entreprit de parcourir l'Europe civilisée dans le caractère d'une voyageuse indépendante résolue à voir toutes les variétés de les hommes et les mœurs, de rassembler toutes les connaissances que la plus vaste expérience pouvait lui donner, et de mesurer hardiment son esprit contre les plus grands esprits de son époque.

Jusqu'à présent, l'intérêt suscité par son personnage et ses aventures est du genre le plus pittoresque et le plus attrayant. Il y a quelque chose de remarquablement nouveau dans le spectacle d'une jeune reine qui préfère la poursuite du savoir à la possession d'un trône et qui troque son droit de naissance royal contre le privilège d'être libre. Malheureusement, le portrait de Christina ne peut pas être peint uniquement avec des couleurs vives . Il faut dire à sa grande honte que, lorsque ses voyages l'ont amenée à Rome, elle a abandonné la religion pour laquelle son père s'est battu et est mort. Et il faut admettre, dans l'intérêt de la vérité, qu'elle s'est affranchie d'autres contraintes que celles de la royauté. Mentalement distinguée par ses capacités, elle était moralement dégradée par ses vices et ses crimes.

Les événements de la vie étrange de Christina, en particulier ceux liés à ses actions en tant que reine errante, offrent suffisamment de matériaux pour une biographie qui pourrait être considérée en Angleterre comme une nouvelle contribution à notre littérature historique. L'une des nombreuses aventures extraordinaires qui marquèrent la carrière errante de la reine peut être racontée dans ces pages comme un épisode de l'histoire de sa vie qui est en elle-même complète. Les événements dont le récit est composé jettent de la lumière, de plusieurs manières, sur les mœurs, les habitudes et les opinions d'un siècle passé ; et ils peuvent d'ailleurs être présentés dans les paroles remarquables d'un témoin oculaire qui les a vus il y a deux siècles.

La scène est le château de Fontainebleau, l'heure est la fin de l'an seize cent cinquante-sept, les personnages sont la reine Christine errante ; son grand écuyer, le marquis Monaldeschi ; et le Père Le Bel, du couvent de Fontainebleau, témoin dont nous allons citer tout à l'heure le témoignage.

Monaldeschi , comme son nom l'indique, était italien de naissance. C'était un bel homme accompli, raffiné dans ses manières, souple dans son caractère, et possédant l'art de se rendre éminemment agréable dans la société des femmes. Grâce à ces recommandations personnelles, il gagna rapidement les faveurs de la reine Christine. Parmi la longue liste de ses amants, aucun de ceux qu'elle encourageait ne s'accrocha aussi longtemps et aussi fermement à son imagination capricieuse que Monaldeschi . L'intimité entre eux avait probablement pris naissance, de son côté du moins, dans une sincérité d'affection aussi profonde qu'il était dans la nature de Christina de ressentir. Du côté de l'Italien, la connexion a été motivée uniquement par l'ambition. Dès qu'il eut récolté tous les avantages de la position de grand favori à la cour de la reine, il se lassa de sa royale maîtresse et s'adressa secrètement à une jeune dame romaine, dont la jeunesse et la beauté l'attiraient puissamment, et dont l'influence fatale. ses actes ont finalement conduit à sa ruine et à sa mort.

Après avoir essayé de s'attirer les bonnes grâces de la dame romaine, Monaldeschi trouva que le moyen le plus sûr de gagner sa faveur résidait dans la satisfaction de sa méchante curiosité au sujet des faiblesses secrètes de la reine Christine. Il n'était pas homme à se laisser troubler par des sentiments scrupuleux d' honneur lorsque les intérêts de ses propres intrigues étaient en jeu ; et il profita sans vergogne de la position qu'il occupait envers Christina, pour commettre des abus de confiance des plus infâmes. Non content de mettre en possession de la dame romaine la série de lettres que la reine s'était adressée à lui-même, contenant des secrets qu'elle lui avait révélés avec la pleine confiance de sa dignité, il écrivit ses propres lettres au nouvel objet de sa confiance. ses discours, dans lesquels il ridiculisait l'affection de Christina pour lui et décrivait sarcastiquement ses moindres défauts personnels avec une effronterie sans cœur que la plus patiente des femmes eût trouvé impossible de pardonner. Tandis qu'il trahissait ainsi en privé la confiance qu'on lui avait accordée, il affectait publiquement l' attachement le plus inaltérable et le respect le plus sincère pour la reine.

Pendant quelque temps, cette honteuse tromperie se produisit avec succès. Mais l'heure de la découverte était proche, et l'instrument pour la réaliser était un certain cardinal qui désirait supplanter Monaldeschi en faveur de la reine . Le prêtre parvint à prendre possession de toute la correspondance qui avait été confiée en privé à la dame romaine, y compris, outre les lettres de Christine, les lettres que Monaldeschi avait écrites pour ridiculiser sa royale maîtresse. L'ensemble des documents fut réuni par le cardinal dans un seul paquet et fut présenté par lui, en audience privée, à la reine.

C'est à ce moment critique du récit que commence le témoignage du témoin oculaire que nous proposons de citer. Le père Le Bel assista à la terrible exécution de la vengeance de la reine sur Monaldeschi , et reçut des copies de toute la correspondance qui avait été soustraite à la possession de la dame romaine. Ayant reçu le secret, il garde sagement et honorablement le silence tout au long de son récit au sujet de l'offense de Monaldeschi . Les détails de la bassesse et de l'ingratitude de l'Italien qui ont été présentés ici ont été rassemblés à partir des rapports contradictoires qui étaient courants à l'époque et qui ont été conservés par les vieux collectionneurs français d'anecdotes historiques. Les détails de la punition extraordinaire qui va suivre maintenant pour le délit de Monaldeschi peuvent être donnés dans les paroles du Père Le Bel lui-même. Le lecteur comprendra que son récit commence immédiatement après la découverte par Christina de la perfidie de son favori .

Le six novembre mil seize cent cinquante-sept (écrit le Père Le Bel), à neuf heures et quart du matin, la reine Christine de Suède, étant alors hébergée au palais royal de Fontainebleau, envoya un de ses serviteurs à mon couvent, pour obtenir une entrevue avec moi. Le messager, après avoir été admis en ma présence, m'a demandé si j'étais la supérieure du couvent, et, lorsque j'ai répondu affirmativement, m'a informé que je devais me présenter immédiatement devant la reine de Suède.

Craignant de faire attendre Sa Majesté, je suivis aussitôt l'homme au palais, sans attendre d'emmener avec moi aucun de mes frères du couvent.

Après un peu de retard dans l'antichambre, on me conduisit dans la chambre de la Reine. Elle était seule; et j'ai vu, à l'expression de son visage, alors que je suppliais respectueusement d'être favorisé par ses ordres, que quelque chose n'allait pas. Elle hésita un instant ; puis me dit, assez brusquement, de la suivre jusqu'à un endroit où elle pourrait parler avec la certitude de ne pas être entendue. Elle me conduisit dans la Galerie des Cerfs et, se retournant brusquement vers moi, me demanda si nous nous étions déjà rencontrés.

J'informai Sa Majesté que j'avais eu autrefois l' honneur de lui présenter mes respects ; qu'elle m'avait reçu gracieusement, et que là l'entretien était terminé. Elle hocha la tête et regarda un peu autour d'elle ; puis elle me dit très brusquement que je portais une robe (faisant référence à mon costume de couvent) qui l'incitait à avoir une parfaite confiance en mon honneur ; et elle me pria de promettre d'avance que je garderais le secret qu'elle allait me confier aussi strictement que si je l'avais entendu au confessionnal. Je répondis respectueusement que cela faisait partie de ma profession sacrée de se voir confier des secrets ; que je n'avais jamais trahi les affaires privées de personne ; et que je pouvais répondre de moi-même comme digne d'être honoré de la confiance d'une reine.

Sur ce, Sa Majesté me remit un paquet de papiers scellés en trois endroits, mais n'ayant aucune suscription d'aucune sorte. Elle m'a ordonné de le garder sous clé et d'être prêt à le lui rendre devant toute personne en présence de laquelle elle jugerait bon de me le demander. Elle me chargea en outre de me souvenir du jour, de l'heure et du lieu où elle m'avait remis le paquet ; et sur ce dernier conseil, elle m'a renvoyé. Je la laissai seule dans la galerie, s'éloignant lentement de moi, la tête penchée sur sa poitrine, et l'esprit, ainsi que je pouvais prétendre en juger, troublé par des pensées anxieuses. [1]

Le samedi 10 novembre, à une heure de l'après-midi, on me manda de nouveau au Palais. Je sortis le paquet de mon cabinet particulier, sentant qu'on pourrait me le demander ; puis suivit le messager comme auparavant. Cette fois, il me conduisit aussitôt à la Galerie des Cerfs . Au moment où j'y entrai, il ferma la porte derrière moi avec une hâte et une violence si extraordinaires, que je me sentis un peu surpris. Dès que je me remis, je vis Sa Majesté debout au milieu de la galerie, causant avec un des gentilshommes de sa cour, qu'on connaissait généralement sous le nom de Le Marquis, et que je reconnus bientôt comme étant le Marquis Monaldeschi. , Grand Écuyer de la Reine de Suède. Je me suis approché de Sa Majesté et lui ai fait ma révérence, puis je me suis tenu devant elle, attendant qu'elle juge à propos de s'adresser à moi.

D'un air sévère et d'une voix forte, claire et ferme, elle me demanda, devant le marquis et devant trois autres hommes qui étaient également dans la galerie, le paquet qu'elle m'avait confié.

Tandis qu'elle faisait cette demande, deux des trois hommes reculèrent de quelques pas, tandis que le troisième, le capitaine de sa garde, s'avançait un peu plus près d'elle. Je lui ai rendu le paquet. Elle le regarda pensivement pendant un petit moment ; puis l'ouvrit, sortit les lettres et les papiers écrits qu'il contenait, les remit au marquis Monaldeschi et insista pour qu'il les lise. Lorsqu'il eut obéi, elle lui demanda, du même regard sévère et de la même voix posée, s'il avait connaissance des documents qu'il venait de lire. Le marquis devint très pâle et répondit qu'il avait lu pour la première fois les journaux en question.

"Niez-vous en avoir connaissance ?" dit la reine. « Répondez-moi clairement, monsieur. Oui ou non ?

Le marquis pâlit encore. "Je nie en avoir connaissance", dit-il d'une voix faible, les yeux rivés sur le sol.

"Niez-vous également en avoir connaissance ?" dit la reine en sortant tout à coup un second paquet de manuscrits de dessous sa robe et en le jetant au visage du marquis.

Il tressaillit, recula un peu et ne répondit pas un mot. Le paquet que la Reine m'avait remis ne contenait que des copies. Les papiers originaux étaient ceux qu'elle venait de jeter au visage du marquis.

"Niez-vous votre propre sceau et votre propre écriture?" elle a demandé.

Il murmura quelques mots, reconnaissant que le sceau et l'écriture étaient les siens, et ajouta quelques phrases d'excuse, dans lesquelles il s'efforçait de rejeter le blâme attaché à l'écriture des lettres sur les épaules d'autres personnes. Pendant qu'il parlait, les trois hommes qui accompagnaient la reine se rapprochaient silencieusement de lui.

Sa Majesté l'a entendu jusqu'au bout. "Tu es un traître", dit-elle en lui tournant le dos.

Les trois hommes, tandis qu'elle prononçait ces mots, dégainèrent leurs épées.

Le marquis entendit le choc des lames contre les fourreaux, et, se retournant vivement, aperçut derrière lui les épées dégainées. Il saisit aussitôt la reine par le bras, et l'entraîna avec lui, d'abord dans un coin de la galerie, puis dans un autre, la suppliant dans les termes les plus émouvants de l'écouter et de croire à la sincérité de son repentir. La Reine le laissa parler sans montrer le moindre signe de colère ou d'impatience. Sa couleur n'a jamais changé ; le regard sévère n'a jamais quitté son visage. Il y avait quelque chose d'affreux dans la résolution claire, froide et mortelle qu'exprimaient ses yeux posés sur le visage du marquis.

Elle finit par se dégager de son emprise, toujours sans trahir la moindre irritation. Les trois hommes aux épées nues, qui avaient suivi silencieusement le marquis tandis qu'il conduisait la reine d'un coin à l'autre de la galerie, se refermèrent autour de lui, dès qu'il fut laissé seul. Il y eut un silence parfait pendant une minute ou plus. Alors la Reine s'adressa à moi.

« Père Le Bel, dit-elle, je vous charge de témoigner que je traite cet homme avec la plus stricte impartialité. Elle montrait, tout en parlant, le marquis

Monaldeschi avec une petite cravache d'ébène qu'elle portait à la main. "J'offre à ce traître sans valeur tout le temps dont il a besoin - plus de temps qu'il n'a le droit de demander - pour se justifier s'il le peut."

Le marquis, entendant ces paroles, sortit quelques lettres d'un endroit caché dans son costume, et les remit à la reine, ainsi qu'un petit trousseau de clefs. Il arracha si vite ces dernières de sa poche, qu'il en tira quelques petites pièces d'argent qui tombèrent à terre. Comme il s'adressait de nouveau à la reine, celle-ci fit un signe avec sa cravache d'ébène aux hommes aux épées nues ; et ils se retirèrent vers une des fenêtres de la galerie. Moi, de mon côté, je me suis retiré hors d'audience. La conférence qui s'ensuivit entre la reine et le marquis dura près d'une heure. Quand ce fut fini, Sa Majesté fit de nouveau signe aux hommes de revenir avec le fouet, puis s'approcha de l'endroit où je me tenais.

« Père Le Bel, dit-elle de sa voix claire, sonore et résolue, je n'ai pas besoin de rester ici plus longtemps. Je laisse cet homme, » elle montra de nouveau le marquis, « à vos soins. tout ce que vous pouvez pour le bien de son âme. Il n'a pas réussi à se justifier, et je le condamne à mourir.

Si j'avais entendu une sentence prononcée contre moi-même, je n'aurais guère pu être plus terrifié que lorsque la reine prononça ces derniers mots. Le marquis les entendit là où il se tenait et se jeta à ses pieds. Je me mis à genoux à ses côtés et la suppliai de lui pardonner, ou du moins de punir son offense d'un châtiment plus doux que celui de la mort.

« J'ai dit ces mots, » répondit-elle en s'adressant uniquement à moi ; " et aucune puissance sous le Ciel ne m'empêchera de les dire. Beaucoup d'hommes ont été brisés vivants sous la roue pour des offenses qui étaient l'innocence même, comparées à l'offense que ce traître parjure a commise contre moi. Je lui ai fait confiance autant que j'aurais pu l'avoir fait. j'ai fait confiance à un frère ; il a trahi cette confiance de manière infâme ; et j'exerce mes droits royaux sur la vie d'un traître, je vous le répète, il est condamné à mourir.

A ces mots, la reine quitta la galerie et me laissa seul avec Monaldeschi et les trois bourreaux qui attendaient pour le tuer.

Le malheureux tomba à genoux à mes pieds, me suppliant de suivre la reine et de faire un nouvel effort pour obtenir son pardon. Avant que je puisse répondre un mot, les trois hommes l'entourèrent, lui mirent la pointe de leurs épées au côté, sans toutefois le toucher, et lui recommandèrent avec colère de me faire ses aveux, sans perdre plus de temps. Je les suppliai, les larmes aux yeux, d'attendre le plus longtemps possible , afin de donner à la reine le temps de réfléchir et peut-être de faiblir dans ses intentions meurtrières envers le marquis. Je réussis à produire une telle impression sur le chef des trois hommes, qu'il nous quitta pour obtenir une entrevue avec la reine, et s'assurer si son intention avait changé. Après une très courte absence, il revint en secouant la tête.

"Il n'y a aucun espoir pour vous", a-t-il déclaré en s'adressant à Monaldeschi . "Faites la paix avec le Ciel. Préparez-vous à mourir !"

"Allez chez la Reine !" s'écria le marquis en s'agenouillant devant moi, les mains jointes. " Allez vous-même chez la Reine ; faites encore un effort pour me sauver ! Ô père Le Bel, courez encore un risque, osez une dernière supplication, avant de me laisser mourir ! "

"Veux-tu attendre que je revienne ?" Dis-je aux trois hommes.

"Nous attendrons", répondirent-ils en abaissant la pointe de leurs épées au sol.

Je trouvai la reine seule dans sa chambre, sans la moindre apparence d'agitation dans son visage ni dans ses manières. Rien de ce que je pouvais dire n'avait le moindre effet sur elle. Je l'ai adjurée, par tout ce que la religion tient de plus sacré, de se rappeler que le plus noble privilège d'un souverain est celui d'accorder la miséricorde ; que le premier des devoirs chrétiens est le devoir de pardonner. Elle m'entendit impassible. Voyant que les supplications étaient rejetées, j'osai, à mes risques et périls, lui rappeler qu'elle ne vivait pas maintenant dans son propre royaume de Suède, mais qu'elle était l'hôte du roi de France et logeait dans l'un de ses propres palais; et je lui ai hardiment demandé si elle avait calculé les conséquences possibles d' autoriser le meurtre d'un de ses serviteurs à l'intérieur des murs de Fontainebleau, sans aucune forme de procès préalable, ni aucune notification officielle du délit qu'il avait commis. Elle me répondit froidement qu'il suffisait qu'elle connaisse le caractère impardonnable du délit dont Monaldeschi s'était rendu coupable ; qu'elle se trouvait dans une position parfaitement indépendante à l'égard du roi de France ; qu'elle était maîtresse absolue de ses propres actions, en tout temps et en tout lieu ; et qu'elle n'avait de comptes à rendre à personne sous le Ciel de sa conduite envers ses sujets et serviteurs, sur la vie et les libertés desquels elle possédait des droits souverains, qu'aucune considération, quelle qu'elle soit, ne devait l'inciter à démissionner.

Craignant de l'irriter, j'osais quand même réitérer mes remontrances . Elle leur a coupé court en me faisant signe à la hâte de la quitter.

En me congédiant, je crus voir un léger changement passer sur son visage ; et je pensai qu'elle n'aurait peut-être pas été indisposée en ce moment à accorder un peu de répit, si elle avait pu le faire sans paraître faiblir dans sa résolution et sans courir le risque de laisser Monaldeschi lui échapper. Avant de franchir la porte, j'essayai de profiter de la disposition au conciliation que je croyais apercevoir chez elle ; mais elle a réitéré avec colère le geste de renvoi avant que j'aie prononcé une demi-douzaine de mots. Le cœur lourd, j'ai cédé à la nécessité et je l'ai quittée.

En revenant à la galerie, je trouvai les trois hommes debout autour du marquis, la pointe de leur épée à terre, exactement tels que je les avais laissés.

"Est-ce qu'il doit vivre ou mourir ?" ils ont demandé quand je suis entré.

Je n'avais pas besoin de répondre avec des mots ; mon visage a répondu à la question. Le marquis gémit lourdement, mais ne dit rien. Je m'assis sur un tabouret, lui fis signe de venir à moi, et le suppliai, autant que ma terreur et ma misère me le permettaient, de penser au repentir et de se préparer à un autre monde. Il a commencé sa confession à genoux à mes pieds, la tête posée sur mes genoux. Après avoir continué pendant un certain temps, il se leva soudainement avec un cri de terreur. Je parvins à le calmer et à ramener ses pensées sur les choses célestes. Il acheva sa confession, parlant tantôt en latin, tantôt en français, tantôt en italien, selon qu'il s'expliquait le mieux dans l'agitation qui l'envahissait.

Au moment où il venait de conclure, l'aumônier de la Reine entra dans la galerie. Sans attendre l'absolution, le malheureux marquis s'éloigna de moi chez l'aumônier, et, s'accrochant toujours désespérément à l'espérance de vivre, le supplia d'intercéder auprès de la reine. Les deux hommes parlèrent à voix basse, se tenant par la main. Leur conférence terminée, l'aumônier quitta de nouveau la galerie, emmenant avec lui le chef des trois bourreaux chargés d'exécuter le dessein mortel de la reine. Après une courte absence, cet homme revint sans l'aumônier. « Obtenez votre absolution, dit-il brièvement au marquis, et décidez-vous de mourir.

En disant ces mots, il s'empara de Monaldeschi ; il le plaqua contre le mur du fond de la galerie, juste sous le tableau de Saint -Germain ; et, avant que je puisse intervenir, ou même me détourner de la vue, je frappai le côté droit du marquis avec son épée. Monaldeschi a attrapé la lame avec sa main, se coupant ainsi trois doigts. Au même instant, la pointe toucha son côté et s'éloigna. Là-dessus, l'homme qui l'avait frappé s'est exclamé : « Il a une armure sous ses vêtements » et, au même moment, il a poignardé Monaldeschi au visage. En recevant la blessure, il s'est retourné vers moi et a crié très fort : « Père Le Bel ! Père Le Bel !

Je m'avançai immédiatement vers lui. Ce faisant, l'homme qui l'avait blessé se retira un peu, et fit signe à ses deux compagnons de se retirer également. Le marquis, un genou à terre, demanda pardon à Dieu et me dit certaines dernières paroles à l'oreille. Je lui ai immédiatement donné l'absolution, lui disant qu'il devait expier ses péchés en souffrant la mort et qu'il devait pardonner à ceux qui allaient le tuer. Ayant entendu mes paroles, il se jeta en avant sur le sol. Pendant qu'il tombait, un des trois bourreaux qui ne l'avaient pas encore assailli, lui frappa la tête et le blessa à la surface du crâne.

Le marquis tomba sur la face ; puis il se releva un peu et fit signe aux hommes de le tuer sur le coup, en le frappant au cou. Le même homme qui l'avait blessé la dernière fois obéit en lui coupant deux ou trois fois le cou, sans lui faire cependant de grand mal. Car il était en effet vrai qu'il portait sous ses vêtements une armure , laquelle armure consistait en une cotte de mailles pesant neuf ou dix livres et s'élevant si haut autour de son cou, à l'intérieur de son col, qu'elle pouvait la défendre avec succès contre tout coup fortuit avec un coup de poing. épée.

Voyant cela, je m'avançai pour exhorter le marquis à supporter ses souffrances avec patience, pour la rémission de ses péchés. Pendant que je parlais, le chef des trois bourreaux s'avança et me demanda si je ne croyais pas qu'il était temps de donner le coup de grâce à Monaldeschi . Je repoussai violemment l'homme, lui disant que je n'avais aucun conseil à lui donner à ce sujet, et lui disant que si j'avais des ordres à donner, ce serait pour épargner la vie du marquis, et non pour hâter l'expédition. sa mort. En m'entendant parler en ces termes, l'homme me demanda pardon et m'avoua qu'il avait eu tort de m'en parler.

A peine avait-il fini de me faire ses excuses, que la porte de la galerie s'ouvrit. Le malheureux marquis, entendant ce bruit, se releva du parquet, et, voyant que celui qui entrait était l'aumônier de la reine, se traîna le long de la galerie, en se tenant à la tapisserie qui pendait aux murs, jusqu'à ce qu'il atteigne les pieds du prince. homme saint. Là, il murmura quelques mots (comme s'il se confessait) à l'aumônier, qui, après m'avoir demandé la permission, lui donna l'absolution, puis revint vers la Reine.

Alors que l'aumônier fermait la porte, l'homme qui avait frappé le marquis au cou, le poignarda adroitement avec une longue épée étroite dans la gorge, juste au-dessus du bord de la cotte de mailles. Monaldeschi tomba sur le côté droit et ne parla plus. Pendant un quart d'heure encore, il respirait encore, pendant lequel je priais auprès de lui et l'exhortais de mon mieux. Lorsque le saignement de cette dernière blessure cessa, sa vie cessa avec elle. Il était alors quatre heures moins le quart. L'agonie du misérable avait duré, depuis le premier jugement de la reine, près de trois heures.

J'ai dit le De Profundis sur son corps. Pendant que je priais, les trois bourreaux rengainèrent leurs épées, et le chef d'entre eux fouilla les poches du marquis. Ne trouvant sur lui qu'un livre de prières et un petit couteau, le chef fit signe à ses compagnons, et tous trois marchèrent en silence vers la porte, sortirent et me laissèrent seul avec le cadavre.

Quelques minutes après, je les suivis pour aller rapporter ce qui était arrivé à la reine.

J'ai cru que sa couleur avait un peu changé quand je lui ai dit que Monaldeschi était mort ; mais ses yeux froids et clairs ne s'adoucirent jamais, et sa voix était toujours aussi ferme et ferme que lorsque je l'entendis pour la première fois en entrant dans la galerie ce jour-là. Elle parlait très peu, se disant seulement : « Il est mort et il méritait de mourir ! Puis, se tournant vers moi, elle ajouta : « Père, je vous laisse le soin de l'enterrer ; et, pour ma part, je me chargerai des frais de faire dire suffisamment de messes pour le repos de son âme. J'ordonnai de placer le corps dans un cercueil, que j'ordonnai aux porteurs de transporter au cimetière sur un charrette, à cause du grand poids du cadavre, de la pluie brumeuse qui tombait et du mauvais état du corps. routes. Le lundi 12 novembre, à six heures moins le quart, le marquis fut inhumé dans l'église paroissiale d'Avon, près des fonts d'eau bénite. Le lendemain, la reine envoya cent livres, par deux de ses domestiques, pour des messes pour le repos de son âme.

Ainsi se termine le récit extraordinaire du Père Le Bel. Il est satisfaisant de constater, comme une preuve du progrès de l'humanité, que ce meurtre barbare, qui serait passé inaperçu aux temps féodaux, comme un exercice ordinaire et légitime de l'autorité d'un souverain sur un vassal, excité, en pleine le XVIIe siècle, le plus grand dégoût et l'horreur dans tout Paris. Le premier ministre de l'époque, le cardinal Mazarin (en aucun cas un homme trop scrupuleux, comme le savent tous les lecteurs de l'histoire de France), écrivit officiellement à Christina, l'informant qu'« un crime aussi atroce que celui qui venait d'être commis sous son La sanction, au palais de Fontainebleau, doit être considérée comme une cause suffisante pour bannir la reine de Suède de la cour et des domaines de son souverain, qui, comme tous les honnêtes hommes du royaume, était horrifié par l'outrage anarchique qui avait eu lieu. vient d'être commis sur le sol de France."

À cette lettre, la reine Christine envoya la réponse suivante, qui, en tant qu'exemple d'effronterie malveillante, n'a probablement jamais été égalée :

" MONSIEUR MAZARIN , ceux qui vous ont communiqué les détails de la mort de mon écuyer Monaldeschi n'en savaient rien du tout. Je trouve bien absurde que vous ayez compromis tant de gens pour vous informer sur une chose. C'est un simple fait. Une telle démarche de votre part, si ridicule soit-elle, ne m'étonne pas beaucoup. Ce qui m'étonne, c'est que vous et le roi votre maître ayez osé exprimer votre désapprobation de ce que j'ai fait. .

« Comprenez, vous tous, serviteurs et maîtres, petits gens et grands, que c'était mon plaisir souverain d'agir comme je l'ai fait. Je ne dois ni ne rends compte de mes actions à personne, et encore moins à personne. un tyran comme toi.

« Il serait peut-être bon que vous sachiez, et que vous rapportiez à tous ceux que vous pourrez faire écouter, que Christina se soucie peu de votre cour, et encore moins de vous. Quand je veux me venger, je n'ai pas besoin de me venger. de votre formidable pouvoir pour m'aider. Mon honneur m'a obligé à agir comme je l'ai fait ; ma volonté est ma loi, et vous devez savoir la respecter.... Comprenez, s'il vous plaît, que partout où je choisis de vivre, là, je suis reine ; et que les hommes qui m'entourent, si coquins qu'ils soient, valent mieux que vous et les vagabonds que vous gardez à votre service.

" Suivez mon conseil, Mazarin, et comportez-vous désormais de manière à mériter ma faveur ; vous ne pouvez pas, pour votre propre intérêt, être trop soucieux de le mériter. Dieu vous garde de vous risquer à des remarques plus désobligeantes sur ma conduite ! " entendez parler d'eux, si je suis à l'autre bout du monde, car j'ai des amis et des partisans à mon service qui sont aussi sans scrupules et aussi vigilants que n'importe qui parmi les vôtres, bien qu'il soit assez probable qu'ils ne soient pas aussi lourdement soudoyés. "

Après avoir répondu en ces termes au Premier ministre français, Christina a eu la sagesse de quitter immédiatement le royaume.

Pendant encore trois ans, elle poursuit ses voyages. Au bout de ce temps, son cousin, le roi de Suède, en faveur duquel elle avait abdiqué, mourut. Elle retourna aussitôt dans son pays, dans le but de reprendre possession du pouvoir royal. Ici, le châtiment du crime impitoyable qu'elle avait sanctionné la rattrapa enfin. Le peuple courageux et honnête de Suède a refusé d'être gouverné par la femme qui avait ordonné l'assassinat de Monaldeschi et qui avait abandonné la religion nationale pour laquelle son père était mort. Menacée de perdre ses revenus ainsi que sa souveraineté, si elle restait en Suède, la fière et impitoyable Christina céda pour la première fois de sa vie. Elle démissionna une fois de plus de tout droit et titre à la dignité royale, et quitta pour la dernière fois son pays natal. Le dernier lieu de sa retraite était Rome. Elle y mourut en l'an seize cent quatre-vingt-neuf. Même dans l'épitaphe qu'elle fit placer sur sa tombe, le caractère étrange et audacieux de la femme éclate. Tout le récit de cette existence sauvage et méchante était résumé avec une rigueur et une brièveté dans cette seule ligne :

CHRISTINA A VÉCU SOIXANTE-DOUZE ANS .

GRIEFS SOCIAUX.—II.
UNE PÉTITION AUX ÉCRIVAINS DE ROMANS.

[Communiqué par un vieux gentleman romantique.]

J'espère que personne ne sera alarmé si j'avoue que je suis sur le point de révéler l'existence d'une société peu recommandable, dans l'un des comtés les plus respectables d'Angleterre. Je n'ose pas être plus précis quant à la localité, et je ne peux pas citer les membres par leur nom. Mais je n'ai aucune objection à admettre que je suis secrétaire perpétuel, que ma femme est présidente, que mes filles sont conseillère et que mes nièces forment la Société. Notre objectif est de perdre notre temps, de mal employer notre intellect et de ruiner notre moralité – ou, en d'autres termes, de jouir du luxe interdit de la lecture de romans.

C'est une opinion bien établie pour moi que les gens ennuyeux de ce pays sont ceux qui, en privé comme en public, gouvernent la nation. Par gens ennuyeux, j'entends des gens de tous degrés de rang et d'éducation, qui ne veulent jamais s'amuser. Je ne sais pas depuis combien de temps ces tristes membres de la population ont eu pour la première fois l'idée rusée de se qualifier de Respectables ; mais je sais que, depuis lors, cette grande nation a eu peur d'eux – peur en matière religieuse, politique et sociale. Si mon affaire actuelle concernait la question générale, je pense que je pourrais prouver cette affirmation par une simple référence aux comptes rendus de nos procédures nationales qui paraissent dans les journaux quotidiens. Mais mon objet en écrivant est d'un genre particulier. J'ai une pétition spéciale à adresser aux écrivains de romans, de la part de la Société Discréditée à laquelle j'appartiens ; et si je dois donner ici un exemple de la suprématie des gens ennuyeux, il faut le tirer d'une ou deux preuves évidentes de leur succès à opposer les prétentions de notre littérature fictive à la reconnaissance populaire.

Les gens ennuyeux ont décidé il y a des années et des années, comme chacun le sait, qu'écrire un roman était la forme la plus basse d'effort littéraire, et que la lecture de romans était un luxe dangereux et une totale perte de temps. Ils ont donné, et donnent encore, des raisons pour cette opinion, qui sont très satisfaisantes pour les personnes nées sans fantaisie ni imagination, et qui ne sont absolument pas concluantes pour tout le monde. Mais, avec ou sans raison, des gens ennuyeux ont réussi à apposer sur nos romans le stigmate d'être une espèce de marchandise de contrebande. Regardez, par exemple, le prospectus de n'importe quel bibliothécaire. L'essentiel de son métier de prêteur de livres consiste dans la distribution de romans ; et il a honte de reconnaître ce simple fait. Parfois, il a peur d'imprimer le mot Roman dans ses listes et introduit clandestinement ses fictions de contrebande sous la rubrique Littérature Diverse. Parfois, après avoir offert librement toutes les histoires, toutes les biographies, tous les voyages, tous les voyages, il s'avoue avec reproche d'avoir aussi des romans, mais ajoute avec dédain : « Seulement le meilleur ! Comme si aucune autre branche du grand arbre de la littérature n'avait jamais produit de fruits insipides et sans valeur ! Dans tous les cas, il place les romans en dernier sur sa liste publique des livres qu'il distribue, bien qu'ils occupent la première place sur sa liste privée des livres grâce auxquels il gagne. Pourquoi est-il coupable de tous ces péchés contre la franchise ? Parce qu'il a peur des gens ennuyeux.

Regardez encore – et cela m'amène au sujet de ces lignes – nos clubs de lecture. Comme les gens ennuyeux sont primordiaux là-bas ! Comme ils serrent contre leurs seins rigides Voyages et Voyages ! Comme ils tournent le dos intolérants aux romans ! Avec quelle résolution ils se réunissent en masse au sein du comité et imposent leurs lois sans joie aux victimes cédantes du club, qui veulent secrètement s'amuser ! Notre club de lecture était un exemple du despotisme sans résistance de leur règne. Nous avons commencé par une loi selon laquelle les romans devraient être occasionnellement admis ; et les gens ennuyeux l'ont abrogé avant que nous existions depuis un an. J'ai introduit clandestinement le dernier morceau de fiction que nos estomacs affamés étaient autorisés à consommer, et j'ai provoqué un ouragan d'indignation vertueuse lors de la réunion suivante du comité.

Tous les gens ennuyeux des deux sexes assistaient à cette réunion. Un monsieur ennuyeux a déclaré que l'auteur était un panthéiste et a cité quelques extases fleuries au sujet des paysages et des fleurs à l'appui de son opinion. Personne ne semblait savoir exactement ce qu'était un panthéiste, mais tout le monde criait « Écoutez, écoutez », ce qui faisait tout aussi bien l'affaire. Un autre monsieur ennuyeux a dit que le livre était douloureux parce qu'il contenait une scène de lit de mort. Un troisième l'a injurié pour son plaisir morbide à l'égard du crime, car un coup de pistolet d'un beau bandit de grand chemin a tué le méchant de l'histoire. Mais le grand effet de la journée fut produit par une dame, mère d'une famille nombreuse qui commençait par une fille de dix-huit ans et se terminait par un garçon de huit mois. L'objection de cette dame affecta l'héroïne du roman, une respectable femme mariée, perpétuellement plongée dans de vertueuses souffrances, mais un caractère impropre à la lecture des jeunes gens, car la pauvre chose eut deux accouchements, seulement deux !, au cours de trois. tomes. "Comment puis-je permettre à mes filles de lire un livre pareil ?" s'est indigné notre prolifique abonné. Un tumulte d'applaudissements a suivi. Un chœur de discours s'est succédé, plein de références féroces à « notre moralité nationale » et à « la pureté de nos foyers et de nos foyers ». Une résolution a été adoptée excluant tous les romans pour l'avenir ; puis, enfin, les gens ennuyeux se turent, s'assirent avec un bruit sourd sur leurs chaises et se regardèrent avec contentement dans un triomphe polémique et impassible.

À partir de ce moment-là (les histoires et les biographies étant des articles relativement rares), les gens ennuyeux ne nous nourrissèrent que de voyages et de voyages. Tout homme (ou femme) qui avait voyagé et voyagé en vain, qui n'avait fait aucune observation frappante d'aucune sorte, qui n'avait rien du tout à dire, et qui le disait longuement en gros caractères sur papier épais, accompagné de paroles froncées. Les illustrations lithographiques étaient introduites chaque semaine dans nos foyers et nos foyers comme le guide, le philosophe et l'ami le plus précieux que nos dirigeants pouvaient nous envoyer. Tous les abonnés se sont soumis ; tous partageaient la terreur nationale des gens ennuyeux, à l'exception de moi et des membres de ma famille énumérés au début de ces pages. Nous avons résolument abandonné le club ; nous recevions une boîte pleine de romans, une fois par mois, de Londres ; en conséquence, nous avons perdu notre caste avec nos respectables amis ; et devint, pour l'avenir, dans toute la longueur et la largeur de notre quartier , la société peu recommandable à laquelle j'ai déjà fait allusion. Si l'on disait demain aux ennuyeux gens de notre quartier que ma femme, mes filles et mes nièces se sont toutes enfuies dans des directions différentes, ne laissant qu'un seul point de la boussole ouvert comme un débouché incontrôlable pour moi et le cuisinier, je serais fermement persuadé que aucun d'entre eux ne serait enclin à discréditer le rapport. "C'est ce qui vient de la lecture d'un roman !" » disaient-ils – et revenaient, avec un enthousiasme renouvelé, à leurs voyages et voyages, à leurs accouchements dans la vie réelle, à leur « moralité nationale » biaisée et à leur fanfaronnade « pureté de nos foyers et de nos foyers ».

Et maintenant, pour en venir à l'objet principal de cet article, l'humble pétition de moi-même et de ma famille à certains de nos romanciers. Nous pouvons dire de nous-mêmes que nous méritons d'être entendus, car nous avons bravé l'opinion publique pour lire des romans ; et nous avons lu, depuis quelques années, toutes (je maintiens cette affirmation, si incroyable qu'elle puisse paraître), toutes les histoires en un, deux et trois volumes qui sont sorties de la presse. Alors, pourquoi devons-nous adresser une pétition ? Une très légère affaire. Notant tout d'abord comme exceptions certains cas singuliers d'originalité, je puis mentionner, en règle générale, que nos plaisirs de lecture de romans ont toujours été jusqu'ici issus du même genre de personnages et du même genre d'histoires - variées, voire variées. , quant aux noms et aux petits événements, mais au fond toujours les mêmes, à travers des centaines sur centaines de volumes successifs, par centaines sur centaines d'auteurs différents. Jusqu'à présent, aucun d'entre nous ne s'en plaint ; car nous aimons avoir autant que possible de toute bonne chose ; mais nous vous demandons avec déférence s'il ne serait pas possible de nous donner un peu de variété pour l'avenir. Nous n'avons pas de désir malsain de nouveauté absolue ; tout ce que nous osons demander, c'est un léger changement sur quelques-uns des vieux airs favoris que nous avons depuis longtemps appris par cœur.

Pour commencer avec notre héros préféré . C'est un si vieil ami que nous devons désormais l'aimer tendrement. Nous ne le perdrions pas complètement de vue, pour quelque raison que ce soit. Loin de nous l'idée de laisser entendre le retrait de cet homme noble, aimant, blessé, fascinant ! On adore son nez aquilin, sa grande taille, ses cheveux ondulés, sa voix riche. Puissions-nous continuer longtemps à pleurer sur sa poitrine profonde et à presser respectueusement sur nos lèvres les plis de son ample manteau ! Personnellement, ce n'est pas de lui que nous nous lassons, mais de certaines actions que nous pensons qu'il a désormais assez souvent accomplies.

Par exemple, pouvons-nous dire respectueusement aux dames et messieurs qui ont la gentillesse de l'exhiber qu'il ferait mieux de ne plus « marcher » ? Il a tant arpenté, en tant d'occasions différentes, à travers tant de couloirs, le long de tant d'avenues, entrant et sortant devant tant de portes de salons, qu'il doit être en cloque à cette heure, et ses chères jambes devraient vraiment le faire. repose-toi un peu. Encore une fois, lorsque sa dignité est atteinte par des regards ou des paroles irrévérencieuses, ne peut-on pas l'amener à l'affirmer pour l'avenir sans « se redresser de toute sa hauteur » ? Il a vraiment été trop sollicité par une indulgence perpétuelle dans cet exercice pendant des dizaines et des dizaines d'années. Laissez-le s'asseoir – s'il vous plaît, laissez-le s'asseoir la prochaine fois ! Ce serait assez nouveau et tellement impressionnant. Ensuite, nous l'avons si souvent découvert debout les bras croisés, si souvent vu marcher les bras croisés, si souvent entendu monologuer les bras croisés, si souvent interrompu sur lui méditant les bras croisés, que nous pensons qu'il ferait mieux de faire autre chose avec ses bras pour l'avenir. Pourrait-il les balancer pour changer ? ou les mettre sur les hanches ? ou les laisser tomber brusquement de chaque côté de lui ? Ou pourrait-il leur accorder des vacances et plier les jambes en guise de variété ? Peut-être pas. Le mot Jambes – eh bien, je n'arrive pas à l'imaginer – semble toujours suggérer une plaisanterie. "Fitzherbert s'est levé et a croisé les bras", c'est sérieux. "Fitzherbert s'est assis et a plié les jambes", est comique. Pourquoi, j'aimerais savoir ?

Un mot, un mot de remontrance respectueuse envers les romancières en particulier. Nous pensons qu'ils ont assez souvent mis notre héros à cheval. Pour les cinq cents premiers romans environ, c'était grandiose, c'était passionnant, quand il se jetait en selle après l'inévitable querelle avec sa bien-aimée et galopait follement jusqu'à sa garçonnière. C'était indiciblement apaisant de le voir dans les passages les plus doux de sa carrière, maussade en selle, les rênes lâchement jetées sur l'encolure arquée de son cheval, alors que le vaillant animal marchait doucement avec son noble fardeau, le long d'une route sinueuse, sous un ciel bleu, par un doux après-midi du début du printemps. Tout cela fut une lecture délicieuse pendant un certain nombre d'années ; mais tout finit par s'user, et croyez-moi, mesdames, le destrier préféré de votre héros , votre cher cheval intelligent, affectueux, luisant et à longue queue, a vraiment fait son travail, et peut maintenant être relâché, pour quelque temps encore. , avec un grand avantage pour vous et vos lecteurs.

Après avoir adressé un mot à ces dames, je me souviens nécessairement et tendrement de leurs charmantes représentantes, les Héroïnes. Permettez-moi d'abord de dire quelque chose de nos deux sœurs préférées : la grande brune, sérieuse et malheureuse ; la petite claire, coquette et heureuse.

Étant Anglais, j'ai bien entendu un ardent attachement à tout ce qui ressemble à une règle établie, simplement parce qu'elle est établie. Je sais que c'est une règle que, lorsqu'on présente deux sœurs dans un roman, l'une doit être grande et brune, et l'autre petite et légère. Je sais que cinq pieds huit de chair et de sang féminin, accompagnés d'un teint olive, d'yeux noirs et de cheveux corbeau, sont synonymes de passions fortes et d'un destin malheureux. Je sais que cinq pieds de rien, des boucles d'or, de doux yeux bleus et un sourcil de lys, ne peuvent être associés par aucun romancier bien constitué, à autre chose qu'un rire éclatant, une innocence absolue et un bonheur matrimonial final. J'ai trop étudié ces grands principes premiers de l'art de la fiction pour ne pas les révérer comme des lois établies ; mais j'ose respectueusement suggérer que le moment est venu où il n'est plus nécessaire d'insister sur eux roman après roman. Je crains qu'il n'y ait quelque chose de naturellement révolutionnaire dans le cœur de l'homme. Même si je sais que c'est contre tout précédent, je souhaite révolutionner nos deux sœurs préférées . Un innovateur audacieux courrait-il tous les risques et les rendrait-ils tous deux pareils en teint et en stature ? Ou bien un homme désespéré (je n'ose pas suggérer une telle démarche aux dames) opérerait-il un changement complet, en faisant changer de caractère aux deux sœurs ? Je tremble quand je vois jusqu'où me mène l'esprit d'innovation. Le public accepterait-il la grande sœur aux cheveux noirs, si elle faisait preuve d'un caractère enjoué et d'une tendance à être désinvolte dans son discours ? Les lecteurs seraient-ils fatalement surpris de leur sens des convenances, si la petite charmante aux cheveux dorés apparaissait devant eux comme une femme sérieuse, forte d'esprit, à la voix féroce, misérable et coupable ? Ce changement pourrait être une expérience dangereuse ; mais cela vaudrait la peine d'essayer — d'autant plus (si je puis me permettre de mentionner quelque chose d'aussi totalement sans rapport avec le sujet en discussion que la vie réelle) parce que je pense qu'il existe dans la nature une certaine justification pour tenter l'innovation proposée. A en juger par ma petite expérience, je dois dire que les esprits forts et les natures passionnées résident principalement dans la poitrine des petites femmes légères, surtout si elles ont des yeux bleus angéliques et de nombreuses boucles blondes. La femme la plus facétieuse que je connais, pour son âge, est ma propre femme, qui mesure trois pouces de plus que moi. Le rire le plus chaleureux que j'ai jamais entendu est celui de ma deuxième fille, qui est encore plus grande que ma femme, et qui a les sourcils les plus noirs et les joues les plus basanées de tout le quartier . Avec de tels exemples, produits au sein de ma propre famille, qui peut se demander si je veux, pour une fois, d'une certaine manière, renverser l'ordre établi des choses, et avoir une sœur sombre joviale et une sœur sombre et lugubre présentées comme surprenantes. des nouveautés dans quelques-uns des cent nouveaux volumes que nous recevrons probablement la saison prochaine de la Bibliothèque circulante ?

Mais, après tout, nos deux sœurs de longue date semblent être des êtres exceptionnels et posséder une importance relativement faible, au moment où nos esprits se tournent vers ce personnage unique largement supérieur, L'HÉROÏNE .

Permettez-moi de mentionner, pour commencer, que nous souhaitons qu'aucun changement ne soit apporté à notre respectable, reconnue et démodée Héroïne, qui a vécu, aimé et pleuré pendant des siècles. Je l'ai déjà prise des milliers de fois dans mon sein, et je ne demande rien de mieux que de m'offrir mille fois encore ce tendre luxe. J'aime sa joue rougissante, sa forme gracieusement arrondie, son nez ciselé , sa taille fine, ses tresses luxuriantes qui échappent toujours au filet qui les lie. Tout homme ou toute femme qui tente, par un besoin maladif de nouveauté, de me priver d'une de ses promenades au clair de lune, d'un de ses flots de larmes, d'une de ses supplications à genoux pour endurcir ses proches, d'un de ses enfoncements ravis dans le sein de son amant. , est un romancier dont je me méfie et que je n'aime pas. Il ou elle peut être un écrivain très remarquable ; mais leurs livres ne feront pas l'affaire pour ma famille et moi-même. L'héroïne, toute l'héroïne, et rien que l'héroïne, tel est notre cri, si vous nous acculez et insistez pour que nous disons précisément ce que nous voulons, dans les termes les plus clairs possibles.

Étant ainsi fidèlement attaché à l'héroïne établie, cela ne semblera pas, j'espère, comme une démarche très inexplicable, si nous protestons maintenant positivement, et même avec indignation, contre son successeur moderne, une jeune femme rebondissante, mal conditionnée et impudente, qui a été introduit parmi nous ces dernières années. J'ose appeler ce substitut misérable et futile à notre vieille héroïne chère, tendre, douce et aimante, le Men-Hater ; car, dans chaque livre dans lequel elle apparaît, sa mission est, du début à la fin, de se comporter le plus mal possible envers tous les hommes avec lesquels elle entre en contact. Elle entre en scène avec un préjugé préconçu contre mon sexe, pour lequel, en tant qu'homme, je la déteste ; pour laquelle ma femme, mes filles, mes nièces et toutes les autres femmes disponibles que j'ai consultées à ce sujet, la méprisent. Quand son amant lui fait une proposition de mariage, elle la reçoit à la lumière d'une insulte personnelle, monte immédiatement après dans sa chambre et s'emporte contre elle-même, parce qu'en réalité elle est toujours amoureuse de cet homme. redescend et le snobe devant la compagnie au lieu de lui présenter des excuses décentes - il fait la moue et se moque de lui, à chaque occasion, jusqu'à ce que la fin du livre soit proche - puis se retourne soudainement et l'épouse ! Si nous sommes enclins à nous demander pourquoi, dans ces circonstances, elle n'a pas pu, dans un premier temps, recevoir ses avances avec une courtoisie décente, on nous répond que sa « conscience vierge » l'en a empêché. Cette conscience vierge me semble très proche du nouvel anglais pour notre expression démodée, mauvaises manières. Et je suis d'autant plus confirmé dans cette idée que, dans toutes les petites occasions, le Man-Hater se montre obstinément grossier et désobligeant jusqu'au bout. Chaque individu du roman qui porte un pantalon et se trouve à portée de sa conscience vierge devient à partir de ce moment son ennemi naturel. S'il fait une remarque sur la météo, ses lèvres se courbent ; s'il demande la permission de lui donner une pomme de terre à l'heure du dîner (c'est-à-dire, la pauvre âme, de lui choisir la plus farineuse du plat), son cou se courbe de mépris ; s'il lui fait un compliment, constatant qu'elle n'aura pas de pomme de terre, sa narine se dilate. Quoi qu'elle fasse, même dans ses moments les moins agressifs, elle prend toujours le dessus sur tous les hommes. Ils sont disposés comme neuf quilles pour que le Man-Hater puisse les faire tomber. Ils sont décrits, dans leur introduction, comme des hommes intelligents et résolus ; mais ils perdent leur esprit et leur sang-froid à l'instant où ils se trouvent sous la grêle de la terrible langue du Man-Hater. Aucun homme ne l'embrasse, aucun homme ne sèche ses larmes, aucun homme ne la voit rougir (sauf de rage), tout au long des trois tomes. Et c'est l'Héroïne d'opposition qui s'érige en successeur de notre douce, féminine, adorable, sensible chérie d'antan !

Créé également par des romancières, qui devraient sûrement faire autorité lorsqu'il s'agit de personnages féminins. Le Man-Hater est-il un véritable représentant des jeunes femmes d'aujourd'hui ? Si oui, que va devenir mon fils, mon malheureux fils âgé de douze ans ?

Dans peu de temps, ce garçon sera mariable, et il ira dans le monde pour bec et roucouler, et offrir sa main et son cœur, comme son père l'a fait avant lui. Ma malheureuse progéniture, quelle perspective vous attend ! Une phalange intimidante de haineux pour les hommes, hérissée de dignité féminine et armée jusqu'aux dents d'une conscience vierge, occupe le vaste champ matrimonial, regardez où vous voudrez ! Jeunesse malheureuse, encore quelques années, et le cou féminin se courbera, la narine féminine se dilatera, à votre vue. Vous voyez cette forme majestueuse, ces jupes bruissantes, ce front ample, et vous vous agenouillez devant elle, et vous faites votre proposition avec l'imbécillité passionnée que votre père a montrée devant vous. Mon garçon trompé, ce n'est pas une femme, c'est une haineuse d'hommes, un sépulcre blanchi plein de violentes remontrances et d'épithètes injurieuses. Elle vous mènera la vie d'un âne de commerçant, jusqu'à ce qu'elle ait épuisé tout son stock de conscience vierge ; et elle dira alors (en effet, sinon en paroles) : — « Animal inférieur, je t'ai aimé dès le premier – j'ai affirmé ma dignité en te ridiculisant en public et en privé – maintenant tu peux m'épouser ! Ne l'épouse pas, mon fils ! Allez plutôt au marché aux esclaves de Constantinople, achetez une femme circassienne qui n'a rien entendu et n'a rien lu sur les gens qui détestent les hommes, ramenez-la à la maison (avec pour dot une meilleure dot que des pots de la fameuse crème de son pays natal pour apaiser votre mère et sœurs) — et confie-toi à ton père pour accueillir une belle-fille asiatique, qui ne le méprisera pas à cause du malheur inévitable d'être un Homme !

Mais je m'emporte à cause d'un cas hypothétique. J'oublie le but particulier de ma pétition, qui est de demander que la haineuse d'hommes soit complètement retirée de sa position usurpée d'héroïne. L'héroïne nouvelle mode est une diffamation sur son sexe. En tant que mari et père, je nie solennellement qu'elle soit, à quelque égard que ce soit, une femme naturelle. Ne suis-je pas juge ? J'ai une femme et je lui ai fait une offre. L'a-t-elle reçu comme les Man-Haters reçoivent des offres ? Pourrai-je jamais oublier le mélange de confusion modeste et de politesse parfaite avec lequel cette admirable femme m'entendit prononcer les absurdités les plus absolues qui soient jamais sorties de mes lèvres ? Peut-être qu'elle n'est pas digne d'une héroïne. Eh bien, je peux l'abandonner à ce titre sans douleur. Mais mes filles et mes nièces prétendent, je suppose, être considérées comme des exemples de ce que sont les jeunes filles d'aujourd'hui. Depuis que j'ai lu le premier roman mettant en vedette un Man-Hater, j'ai l'œil rivé sur leurs narines, et je peux affirmer sous serment que je ne les ai encore jamais vus se dilater en aucune circonstance ni dans aucune société. Quant à retrousser les lèvres et courber le cou, ils ont tenté les deux opérations à ma demande expresse et les ont trouvées physiquement impossibles. Dans la société des hommes, leurs manières (comme celles de toutes les autres filles que je rencontre) sont naturelles et modestes ; et – dans le cas de certains hommes privilégiés – gagner, par-dessus le marché. Ils ouvrent les yeux avec étonnement lorsqu'ils lisent les récits de nos héroïnes à la mode, et jettent le livre avec indignation à travers la pièce lorsqu'ils trouvent un homme gentil qui se laisse intimider par une femme méchante, parce qu'il lui a fait le compliment. de tomber amoureux d'elle. Non non! nous refusons catégoriquement de recevoir d'autres Man-Haters, et c'est fini !

C'est par cette expression intransigeante de mon opinion qu'il me semble souhaitable de clore la présente pétition. Il y a une ou deux autres bonnes choses dans la fiction, dont nous en avons assez ; mais je m'abstiens d'en parler, par crainte modeste d'en demander trop à la fois. Si les légers changements en général, et la réforme radicale en particulier, que j'ai osé suggérer, peuvent être accomplis, nous sommes sûrs, dans le futur comme dans le passé, d'être des lecteurs de romans reconnaissants, reconnaissants et incessants. Si nous ne pouvons revendiquer aucun poids critique aux yeux de nos estimés auteurs, nous pouvons au moins nous arroger le mérite mineur, non seulement de lire perpétuellement des romans, mais (et c'est une vertu plus rare) de l'avouer publiquement et fièrement. Nous prétendons seulement être des êtres humains avec un désir naturel de nous amuser autant que notre destin de travail quotidien nous le permet. Nous sommes juste assez respectables pour être convaincus de l'utilité de lire occasionnellement pour nous informer ; mais nous sommes également certains (et nous le disons hardiment, face aux gens ennuyeux), qu'il y a peu de jouissances plus élevées, meilleures ou plus profitables dans ce monde que la lecture d'un bon roman.

FRAGMENTS D'EXPÉRIENCE PERSONNELLE.—I.
Désarmé dans des logements.

MON LOGEMENT À PARIS.

Il est arrivé de manière assez fantaisiste, et pas très heureusement pour moi, que ma première expérience de vie dans des logements meublés à l'étranger, ainsi qu'en Angleterre, ait eu lieu au moment même où la maladie m'avait rendu particulièrement susceptible de perdre temporairement le confort. de la maison. J'ai été malade, seul, dans un logement meublé à Paris, malade, seul, lors du voyage de retour en Angleterre, malade, seul, encore, dans un logement meublé à Londres. Je suis célibataire; mais comme je l'ai déjà laissé entendre, je n'ai jamais su ce que c'était que de jouir de la liberté désolée du célibataire jusqu'à ce que je devienne invalide. Certaines de mes impressions sur des choses et des personnes qui m'entourent, formées dans ces circonstances anormales, ne s'avéreront peut-être pas tout à fait indignes d'être écrites, tant qu'elles sont encore fraîches dans mon esprit.

Comment il m'arrive, pour une période temporaire, d'être éloigné de la maison dans laquelle j'ai vécu jusqu'ici avec mes plus proches parents, et dans laquelle j'espère revenir bientôt, cela n'a aucune importance pour le lecteur de le savoir. Cela ne vaut pas non plus la peine d'occuper le temps et l'espace avec une description particulière de la maladie dont j'ai souffert et dont je souffre encore. Il me suffira, à des fins préliminaires, de me présenter aussitôt sous le caractère d'un convalescent en visite à Paris, avec la double intention de passer agréablement un intervalle d'absence nécessaire loin de chez moi, et de favoriser, par un changement d'air et de décor, mon guérison d'une maladie pénible et fastidieuse. Quand j'ajoute à cela que, bien que vivant seul dans ma garçonnière française, j'ai eu la chance à Paris, comme plus tard à Londres, d'être dans le voisinage immédiat des amis les plus gentils, les plus attentifs et les plus affectueux, j'ai dit autant qu'il est nécessaire en guise de préface, et je peux aborder immédiatement mon objectif principal.

Quelles auraient été mes impressions de mon appartement à Paris, si je m'y étais rétabli selon mes prévisions, je n'ose pas le dire ; car, avant d'être bien installé dans mon nouvel appartement, je subis une rechute soudaine. Ma vie, une fois de plus, est devenue celle d'un invalide, et mes modes de pensée et d'observation sont retournés de manière désastreuse à l'ancien canal des invalides. Le changement d'air et de décor, qui n'avait rien fait pour mon corps, n'avait rien fait non plus pour mon esprit. A Paris, comme autrefois à Londres, je regardais le monde autour de moi, uniquement du point de vue du malade, ou, en d'autres termes, les événements qui se passaient, les spectacles qui apparaissaient et les personnes qui se déplaçaient autour de moi, intéressées. ou ne me rebutaient que parce qu'ils se référaient plus ou moins directement à moi-même et à ma propre situation d'invalide. Cette curieuse étroitesse de vue, dont je ne suis pas encore assez bien pour me débarrasser entièrement, quoique aussi conscient qu'un autre de la faiblesse mentale qu'elle implique, n'a aucun rapport que je puisse découvrir avec un égoïsme ou une vanité excessifs ; c'est simplement le résultat de l'augmentation inévitable de l'importance d'un homme pour lui-même, que le fait même de la maladie n'est que trop susceptible de produire.

Mes propres sensations, en tant qu'homme malade, remplissent désormais le vide fatigué de mon existence quotidienne lorsque je suis seul, et constituent le principal sujet d'enquête et de conversation lorsque mon médecin et mes amis animent ma solitude. Les soucis de mon pauvre corps, qui, je remercie le ciel, n'occupent pas mon attention bien plus d'une heure sur vingt-quatre, quand je vais bien, deviennent maintenant l'affaire principale et la responsabilité de tous mes moments d'éveil. que je suis malade. Douleur à souffrir, et déglutition de médicaments et prise de nourriture à des périodes réglementées ; les contraintes quotidiennes que je dois subir et les précautions horaires que je suis obligé de pratiquer , tout contribue à maintenir mon esprit lié au niveau de mon corps. Une fuite de la pensée au-delà de moi-même et du temps présent fatigué – même à supposer que j'en sois capable – m'éloignerait des petites règles et réglementations personnelles dont je dépends maintenant absolument pour le rétablissement de ma santé.

Mon caractère et mon caractère ont-ils changé pour le pire, dans ces circonstances défavorables ? Pas grand chose, j'espère. Je peux honnêtement dire que je n'envie la santé et le bonheur d'aucun autre homme. Je ne ressens aucune sensation de jalousie lorsque j'entends des rires à mon sujet. Je peux regarder les gens par la fenêtre, traverser facilement la route en courant, alors que je peux à peine ramper d'un bout à l'autre de ma chambre, sans me sentir insulté par leur activité. Mais il est vrai en même temps que j'éprouve aujourd'hui une amitié pour les gens exactement dans la mesure où je les vois touchés sensiblement et sincèrement par mon état de souffrance ; et que j'aime ou n'aime pas mon habitation pour le moment, tout comme elle convient ou non à toutes les petites exigences de mon infirmité passagère. Si j'étais présenté à ce moment à l'un des hommes les plus éminents du pays, et s'il ne paraissait pas désolé de me voir malade, je ne voudrais plus jamais revoir cet homme éminent. Si j'avais une chambre superbe avec la plus belle vue du monde, mais sans commodités de chevet pour mes piluliers et mes flacons de médicaments, je quitterais cette chambre superbe et cette belle vue et j'irais gaiement dans un mansarde dans une ruelle. à condition qu'il s'adapte confortablement à l'agencement de mon indispensable bois d'infirme. C'est sans doute un aveu humiliant ; mais il est bon que je le fasse une fois pour toutes, car les diverses opinions et impressions que je vais franchement écrire se trouveront plus ou moins colorées par ce que j'ose qualifier d'égoïsme involontaire d'un homme. homme malade.

Voyons comment mon nouveau logement à Paris me convient ; et pourquoi j'en prends immédiatement goût.

Je vis dans mon propre petit immeuble, appelé Pavillon. À l'extérieur, il ressemble, quant à sa taille, sa luminosité et son apparente insignifiance, à une maison d'habitation privée dans une pantomime. Je m'attends, en m'y dirigeant, pour la première fois, à voir Clown sourire à la porte et Arlequin sauter par la fenêtre. On présente une clé, et on ouvre une étrange petite porte blanche, par laquelle aucun gros homme ne pourrait pénétrer, même de côté ; Je monte une volée raide d'une douzaine de marches et entre dans mon château-jouet : mon propre manoir miniature, indépendant et solitaire.

La première pièce est le salon. C'est à peu près la taille d'une grande caisse d'emballage, avec un miroir et une horloge gais, avec des chaises et un canapé rouge vif, avec une table ronde confortable , avec une grande fenêtre donnant sur un autre pavillon en face et sur une grande maison. en retrait dans une cour. À mon indescriptible étonnement, elle possède en réalité trois portes ! Celui par lequel je viens d'entrer. Une autre mène à une chambre à coucher de la même dimension que le salon, meublée avec autant de clarté et de soin, avec une fenêtre qui donne sur la gaieté et l'agitation éternelles des Champs- Elysées . La troisième porte mène à un dressing de la moitié de la taille du salon, et ayant une quatrième porte qui s'ouvre sur une cuisine la moitié de la taille du dressing, mais possédant bien sûr une cinquième porte qui donne à nouveau sur la cuisine. tête de l'escalier. Comme deux personnes réunies dans la cuisine ne peuvent se croiser ou rester ensemble dans l'appartement sans inconvénient sérieux, les deux portes qui mènent à l'intérieur et à l'extérieur peuvent être considérées comme utiles aussi bien qu'ornementales. Dans cette petite crevasse culinaire pittoresque, le marchand de charbon, le marchand de bois et le porteur d'eau se faufilent et trouvent une cave à poupées et une citerne toutes prêtes pour eux. Ils pourraient être suivis, si seulement j'étais assez en forme pour donner des dîners, par un cuisinier et ses marmitons - car je possède, outre la cave et la citerne, un poêle à charbon de bois sophistiqué dans la cuisine, sur lequel un certain nombre de plats pourraient être préparés par chacun. tout artiste culinaire, capable de cuisiner tranquillement avec une rangée de petits feux sous le nez, une cave à charbon entre les jambes, une citerne lui frottant l'épaule et un mur tiède contre le dos.

Mais quel est le principal secret de mon attachement pour le Pavillon ? Cela ne réside pas, je le crains, dans la luminosité et l'élégance des petites chambres, ni même dans la délicieuse indépendance d'habiter un logement, qui est aussi ma propre maison, où je ne peux être dérangé ni négligé par aucun autre. locataires. Le seul appel irrésistible que mon appartement parisien fait à mes sympathies, c'est la manière parfaite dont il convient à mes besoins et flatte mes faiblesses de malade.

J'ai un assez petit stock de pharmacien composé de flacons de médicaments, de verres, de cuillères, de boîtes à cartes et d'ordonnances ; J'ai toutes sortes de vêtements et de couvertures bizarres, destinés à me garantir contre toutes les variations de température et tous les degrés d'exposition, de nuit comme de jour ; J'ai des remèdes tout prêts qu'il faut garder dans ma chambre à coucher, et des applications élaborées que je dois trouver à portée de main dans mon cabinet de toilette. Bref, je ne suis moi-même que le centre d'une vaste litière médicale, et plus cette litière tourne autour de moi, plus je me sens à l'aise. Dans une maison de dimensions habituelles et dans des pièces disposées selon le plan ordinaire, je serais distrait (étant un homme en désordre même dans mes moments les plus sains) en égarant des choses à chaque heure de la journée, en étant obligé de me lever pour chercher des choses. eux, et en étant obligé de monter et de descendre les escaliers, ou de le faire faire à d'autres pour moi, quand je veux établir des communications entre le cabinet de toilette, la chambre à coucher, le salon, la cave à charbon et la cuisine. Dans ma petite maison parisienne d'un petit étage , je peux me servir avec la plus parfaite aisance ; dans mon petit salon, les neuf dixièmes des choses dont je veux sont à portée de main, alors que je me repose dans mon fauteuil ; si je dois déménager, je peux passer de ma chambre à ma cuisine en moins de temps qu'il ne me faudrait pour traverser un salon anglais ; Si je perds ma potion du matin, si j'égare mes gouttes de midi ou si je laisse mon pilulier du soir sous ma robe de chambre de l'après-midi, je peux prendre ma canne ou mes pinces à feu et fouiller ou pêcher les articles manquants dans tous les coins de la rue. la pièce, sans faire plus que me retourner sur ma chaise. Si je m'étais porté bien et si j'avais donné des dîners, j'aurais peut-être trouvé mon habitation un peu trop petite pour moi. En l'état actuel des choses, si mon pavillon avait été construit exprès pour qu'un locataire solitaire puisse y tomber malade avec le moins d'inconfort personnel possible, il n'aurait pas pu mieux convenir à mon triste cas. Malade, j'aime et j'honore l' habile architecte qui l'a conçu. Eh bien, j'ai bien peur de ne jamais avoir accordé la moindre pensée à lui.

Pourquoi deviens-je, en un quart d'heure cordial, amical, familier et même affectueux avec ma portière ? Parce que cela fait partie de mon état malsain de corps et d'esprit, que je n'aime rien tant que d'être plaint ; et ma portière adoucit mon quotidien avec tant de compassion qu'elle me fait plus de bien, je crois, que mon médecin ou mes médicaments.

Laissez-moi essayer de la décrire. C'est une petite femme mince, rapide et joyeuse, avec un petit visage et des yeux marron brillants. Elle a un mari (Hippolyte -senior) et un fils (Hippolyte -junior), et une loge d'une pièce pour vivre avec sa famille. Elle ne s'est pas couchée, depuis des années, avant deux ou trois heures du matin ; car mon pavillon et le deuxième pavillon d'en face et la grande maison derrière, sont tous fermés à la chaussée par de belles portes en fer, qu'il appartient à quelqu'un dans la loge du concierge d'ouvrir (en tirant une ficelle communiquant avec le loquet) à toutes les heures de la nuit aux locataires rentrant chez eux. La grande maison a tellement de locataires qu'il y en a toujours quelqu'un à une fête ou à un théâtre ; aussi le respect des heures tardives devient-il une partie nécessaire du service dans la loge, et la pauvre petite portière est la victime qui souffre comme une nuit perpétuelle. -montre. Hippolyte senior absorbe sa bonne part de travail dans la journée et prend joyeusement le service des lève-tôt, mais il ne possède pas le don de rester éveillé la nuit. Vers onze heures (telle est parfois la faiblesse même de la nature humaine la plus aimable), il faut qu'Hippolyte père soit étendu sur le dos sur le lit nuptial, ronflant imperméable à tous les bruits et à tous les venants. Hippolyte junior, ou le fils, est trop jeune pour se voir confier la surveillance du cordon de porte. Il dort, sain comme son père, avec un ronflement à moitié développé et un corps lové, dans un berceau au pied du lit parental. De l'autre côté de la pièce, près des clés et des chandeliers des locataires, avec un grand poêle derrière elle et une lampe à gaz devant les yeux, est assise la fidèle petite portière , veillant aussi éveillée que possible sur les heures fatigantes. Elle compte entièrement sur le café fort et la lueur proche du gaz pour combattre la somnolence naturelle qui suit une dure journée de travail commencée à huit heures chaque matin. Le café et le gaz méritent, dans une certaine mesure, la confiance qu'elle leur accorde. Ils gardent ses yeux marron brillants grands ouverts, fixant avec une obstination sans faille la lumière devant eux. Ils lui maintiennent le dos très droit contre sa chaise, les bras croisés étroitement sur sa poitrine et les pieds fermement posés sur son repose-pieds. Mais bien qu'ils empêchent le sommeil de lui fermer les yeux ou de détendre ses membres, ils ne peuvent empêcher quelques influences morphiennes latentes de l'atteindre furtivement. Si ouverts que soient ses yeux, la petite femme commence néanmoins à se sentir coupable lorsque la sonnerie retentit enfin ; regarde fixement pendant un moment avant de pouvoir se lever ; doit lutter résolument contre quelque chose de somnolent et d'accrochant en forme de transe, avant de pouvoir voler jusqu'au cordon du loquet et s'y accrocher avec lassitude, au lieu de le tirer avec le sursaut d'éveil approprié. Nuit après nuit, elle a bu du café fort, s'est redressée avec raideur sur sa chaise droite et a regardé fixement la lampe à gaz flamboyante, pendant près de sept ans. Certaines personnes auraient perdu leur sang-froid et leur moral dans ces circonstances difficiles ; mais la joyeuse petite portière n'a perdu que de la chair. Dans un coin sombre de la pièce est accrochée une ressemblance avec un daguerréotype. Il représente une femme plantureuse, aux joues rondes et à la taille robuste, et date de l'époque où elle était l'épouse d' Hippolyte aîné et songeait à le suivre dans la Loge du Portier. " Ah ! mon cher monsieur, dit-elle quand je lui fais mes condoléances, si nous gagnons parfois un peu d'argent dans notre manière de vivre, nous ne le gagnons pas trop facilement. Aïe ! Aïe ! Aïe ! J'aimerais bien un bon sommeil : je voudrais être à nouveau grosse comme mon portrait ! »

Les mêmes relations amicales, nées entièrement, rappelons-le toujours, de ma maladie et de la compassion de la portière pour moi, qui m'ont fait connaître les secrets du café fort, du portrait au daguerréotype et de la constitution endormie d' Hippolyte père, permettez-moi également de constater, sur invitation spéciale, comment les habitants de la loge disposent d'une partie des bénéfices à peine gagnés de leur situation.

Je me trouve un matin souffrant assez péniblement de quelques symptômes aggravés de ma maladie, et mon amie la portière entre au Pavillon pour me parler et me remonter le moral. Par miracle, elle a dormi une heure de plus et se trouve par conséquent dans un état de gaieté gazouillante . Elle frémit et fait des grimaces devant mes flacons de médicaments ; me supplie de les jeter, de la laisser me mettre au lit, et de m'administrer un thé léger pour commencer, et un bouillon pour suivre (un Thé léger et un bouillon). Si seulement je m'en tiens à ces remèdes, elle les fera préparer, s'il le faut, à chaque heure de la journée, et me garantira un rétablissement immédiat de la santé et des forces. Tandis que nous débattons sur la question de l'inutilité des médicaments et de l'excellence curative du thé et du bouillon, Hippolyte père, avec un air de triomphe mystérieux, qui se communique aussitôt au visage de sa femme, entre dans la pièce pour lui dire qu'elle est recherché en bas dans la loge. Elle s'approche de lui et lui prend le bras, comme s'il était un étrange gentleman attendant de la conduire au dîner, lui fait un signe de tête confidentiel, puis me regarde. Son mari suit son exemple, et les deux se tiennent sans confusion , bras dessus bras dessous, souriant à moi et à mes flacons de médecine, comme s'ils étaient deux amants et que j'étais le vénérable parent dont ils attendaient la permission et la bénédiction. recevoir.

"Avez-vous trouvé un nouveau médecin pour moi ?" Je demande, excessivement intrigué par leur désir évident de me mettre en contact avec un secret de la loge.

"Non", dit la portière , "je ne crois pas aux médecins. Je ne crois qu'à un thé léger et un bouillon."

("Mes sentiments aussi !" ajoute son mari entre parenthèses.)

"Mais nous avons quelque chose à vous montrer au lodge", poursuit la portière .

(Hippolyte senior hausse les sourcils et dit "Aha!")

« Et quand tu te sentiras mieux, continue mon joyeux petit ami, aie seulement la politesse de descendre vers nous, et tu verras un spectacle merveilleux !

Hippolyte senior abaisse ses sourcils et dit : « Chut !

« Assez », répond la portière en le comprenant ; "Retirons-nous."

Et ils quittent immédiatement la pièce, toujours bras dessus bras dessous – le couple marié le plus affectueux et le plus mystérieux que j'aie jamais vu.

Ce jour-là, je ne me sens pas assez fort pour affronter de grandes surprises ; ma visite au lodge est donc reportée au lendemain matin. A mon grand étonnement, la portière ne me rend pas sa visite habituelle à mon réveil, le jour mouvementé. Je descends à la loge, me demandant ce que signifie ce changement, et vois trois ou quatre étrangers rassemblés dans la pièce qui est à la fois chambre à coucher, salon et bureau de concierge. Les étrangers, je trouve, sont des amis admiratifs : ils entourent Hippolyte père, et tous regardent d'un côté avec une expression de plaisir et de surprise intenses. Mes yeux suivent la direction des leurs ; et je vois, au-dessus de la petite table minable du pavillon, un nouveau miroir resplendissant dans le cadre le plus brillant. De chaque côté, se dressent deux cierges de cire de couleur blush . En dessous se trouvent trois pots ornementaux contenant des rosiers en fleurs, soutenus par un écran en forme d'éventail de papier blanc clair. C'est la surprise qui m'était réservée ; et c'est aussi la sécurité dans laquelle les habitants du lodge ont investi leurs dernières économies durement gagnées. Tout cela a sur mon esprit l'effet d'un maître-autel amateur ; et j'admire donc le nouvel achat avec une énergie d'expression si sérieuse, qu'Hippolyte père , dans la première douceur du triomphe, oublie la modestie propre à sa position de propriétaire du nouveau trésor, et apostrophe son propre bien comme Magnifique , avec un une puissance de voix et une énergie de gesticulation que je n'avais jamais remarquées chez lui auparavant. Quand son enthousiasme s'est calmé, et au moment où je m'apprête à demander où est mon amie la portière , j'entends une petite voix faible parler derrière le groupe d'amis admiratifs :

« Peut-être, Messieurs et Mesdames, pensez-vous que c'est une extravagance pour des gens dans notre situation », dit la voix d'un ton d'excuse faiblement poli ; mais, hélas ! comment y résister ? C'est si beau, ça éclaire tellement la chambre, ça nous donne une si noble apparence. Et puis c'est aussi une propriété, quelque chose à laisser à nos enfants, enfin, une extravagance pardonnable Aïe ! Je tremble encore ; je n'en peux plus !

Pendant que ces mots sont en train de prononcer, le groupe d'amis se sépare, et j'aperçois assise derrière eux, près du grand poêle, la petite portière , tristement changée. Son petit visage est devenu très jaune ; ses yeux marron vif semblent disproportionnellement grands ; elle a un vieux châle enroulé autour de ses épaules et elle frissonne perpétuellement. Je demande ce qui se passe, imaginant que la pauvre petite femme a une crise de fièvre. La portière s'arrange pour sourire comme d'habitude avant de répondre, même si ses dents claquent de manière audible.

"Tu ne me donneras pas de médicaments si je te le dis ?" elle dit.

"Je ne ferai rien qui ne vous soit parfaitement agréable", répondis-je évasivement.

"Je me plains d'une forte indigestion", poursuit la portière en posant d'un air indicatif un index tremblant sur la région de son mal. "Et je me soigne avec un Light Tea."

Ici, l'index change de direction et désigne une grande théière en faïence blanche, avec une tasse vide à côté. Pour éviter à la portière la peine de remplir son récipient à boire, je verse une dose de Thé Léger. C'est un liquide d'une légère couleur paille , totalement différent de tous les thés anglais jamais préparés ; et il a le goût d'un litre d'eau chaude après y avoir trempé un brin de foin. La portière avale trois tasses de ses médicaments en ma présence, souriante et frissonnante ; regardant avec ravissement le magnifique nouveau miroir avec ses pots de fleurs et ses cierges ; et rejetant, avec des grimaces de dégoût comique, toute offre d'aide médicale de ma part, même la modeste offrande d'une petite pilule. Une heure ou deux plus tard, je redescends au lodge pour voir comment elle va. On l'a persuadée d'aller se coucher ; reçoit, au lit, une levée d'amis ; répond, dans la même situation intéressante, aux questions de tous les visiteurs du jour, relatives à tous les locataires de la maison ; a commencé une nouvelle tasse de thé léger ; il sourit toujours ; je frissonne toujours; toujours avec mépris sceptique au sujet des drogues.

Le soir, je redescends. La théière n'en a pas encore fini, et l' eau chaude au goût de foin se déverse encore inépuisablement dans le système de la petite portière . Il se trouve qu'elle donne maintenant des instructions relatives à la veille d' Hippolyte père, qui, pour cette nuit au moins, doit veiller par le cordon de la porte. Il devra prendre une pinte de café fort et une pipe ; il doit faire fonctionner le gaz très fort ; et il doit être excité par la présence d'un ami vif et éveillé. Le lendemain matin, au moment où je songe à m'informer à la loge, qui entrera dans ma chambre sinon la dyspeptique elle-même, guérie et prête à digérer tout sauf un avis médical ou une petite pilule. Hippolyte père, à ce que j'entends, ne s'est pas endormi sur le cordon du portail depuis plus d'une demi-heure de temps en temps ; et la portière a eu une longue nuit de repos. Elle ne considère pas cet événement inhabituel comme un quelconque facteur parmi les organismes qui ont permis son rétablissement rapide. C'est le thé léger seul qui y est parvenu ; et si je doute encore des vertus inestimables de la cure à l'eau chaude de foin, alors de tous les messieurs prévenus dont la portière a jamais entendu parler, je suis le plus déplorablement obstiné à ouvrir les bras à l'erreur et à fermer les yeux à la vérité.

Tel est le petit monde domestique qui m'entoure, sous certains des éclairages les plus vifs sous lesquels il se présente à mon point de vue particulier.

Quant au grand monde parisien extérieur, mon expérience est limitée par la perspective que j'obtiens des Champs Elysées depuis la fenêtre de ma chambre. Le Paris à la mode tourne et caracole près de moi chaque après-midi, dans toute sa splendeur ; mais quel intérêt ont pour moi, dans ma situation malade, des princes, des comtes, des chevaux de sang et des dames épanouies, plongés dans les abîmes de crinoline ambiante ? Ils passent tous devant moi dans une fantasmagorie confuse de couleurs gaies et de formes précipitées, que je regarde avec des yeux paresseux. Les spectacles que j'observe avec intérêt sont uniquement ceux qui semblent se rapporter dans une certaine mesure à ma propre position invalide. L'égoïsme involontaire de mon malade s'accroche aussi près de moi lorsque je regarde la grande route vers l'extérieur que lorsque je regarde vers l'intérieur ma propre petite chambre. Ainsi, les seuls objets que je remarque maintenant attentivement depuis ma fenêtre sont, curieusement, principalement ceux que j'aurais complètement manqués ou regardés avec indifférence si j'avais occupé ma garçonnière avec le caractère enviable d'un homme sain.

Par exemple, parmi les différents véhicules qui me dépassent par dizaines le matin et par centaines l'après-midi, deux seulement réussissent à laisser dans mon esprit une impression durable. Je n'ai que de vagues idées de poussière, de fringant et de magnificence en rapport avec les voitures rapides tard dans la journée - et de cloches et de cris sourds de voix de charretiers en relation avec les chariots délibérés tôt le matin. Mais j'ai, en revanche, un souvenir très distinct d'un sobre omnibus brun, appartenant à un asile sanitaire, et d'un drôle de petit camion qui transportait des bains et de l'eau chaude chez des particuliers, depuis un établissement de bains près de chez moi. L'omnibus, qui passe devant ma fenêtre dans un trot solennel, est plein de patients en train de s'aérer. Je peux les voir vaguement, et je tombe dans des imaginations curieuses sur leurs différents cas, et je me demande quelle proportion des passagers affligés sont proches du moment de leur émancipation de leur prison sanitaire sur roues. Quant au petit camion, avec son bain de zinc vide et son baril d'eau chaude, j'ai probablement tort de l'associer avec sympathie aussi souvent qu'à des cas de maladie. Il est sans doute souvent demandé par des personnes saines, trop luxueuses dans leurs habitudes pour se promener dehors pour prendre un bain. Mais il doit y avoir une certaine proportion de cas de maladie auxquels le camion s'occupe ; et quand je le vois aller plus vite que d'habitude, je suppose qu'il doit être recherché par quelqu'un en crise ; devenez soudainement agité par cette idée ; et observez le bain vide et le baril d'eau chaude avec un intérêt haletant, jusqu'à ce qu'ils s'éloignent ensemble en grondant hors de vue.

Ainsi, encore une fois, en ce qui concerne les hommes et les femmes qui passent chaque jour par milliers devant ma fenêtre ; ma vision d'eux est tout aussi curieusement circonscrite que ma vision des véhicules. Parmi toute la foule, je constate maintenant, en mettant ma mémoire à rude épreuve, que je n'ai remarqué que trois personnes (une femme et deux hommes), qui ont eu l'occasion de faire appel à ma curiosité invalide.

La femme est une nourrice, ni jeune ni jolie, très propre et soignée dans sa tenue, avec une horrible pâleur exsangue dans son visage et une langueur phtisique désespérée dans ses mouvements. Elle n'a qu'un seul enfant à charge : une petite fille robuste aux habitudes cruellement actives. Il y a un banc de pierre en face de ma fenêtre ; et la nourrice, pâle et faible, s'y assoit souvent, sans se cogner dessus avec le bruit sourd d'une honnête fatigue, mais s'y affaissant avec indifférence, comme si, en passant de la marche à la position assise, elle ne faisait que passer d'une forme de lassitude à une autre. L'enfant robuste reste avec miséricorde quelques minutes près du faible tuteur, puis redevient tout à coup impitoyablement actif, rit et danse de loin lorsque la nourrice lui fait des signes de lassitude, et s'enfuit complètement lorsqu'elle est faiblement réveillée. supplié de se taire encore quelques minutes. La nourrice la soigne un instant avec désespoir, tire en frisson son joli châle noir sur ses épaules pointues, se lève avec résignation et disparaît à mes yeux à la poursuite de l'enfant impitoyable. Je vois ce triste petit drame joué plusieurs fois, toujours de la même manière, et je me demande tristement combien de temps la pâle nourrice tiendra . N'étant pas un père de famille et ayant en ce moment une sympathie nerveusement aiguë pour la maladie et la souffrance, cela me procurerait une véritable satisfaction de voir la nourrice opprimée battre l'enfant tyrannique ; mais elle semble aimer le petit despote ; et d'ailleurs elle est si faible que si on en venait aux mains, j'ai peur, femme adulte qu'elle est, qu'elle n'en subisse le pire.

Les hommes que j'observe ne sont pas des cas si intéressants ; mais ils présentent, dans une moindre mesure, des particularités qui ne manqueront pas d'attirer mon attention. Le premier des deux est un gentleman, solitaire et riche, à mon avis. Il est gros, jaune et sombre, et on lui a évidemment ordonné de faire de l'exercice à cheval pour le bien de sa santé. Il monte un cob anglais tranquille ; il n'a jamais d'ami avec lui ; jamais, autant que je sache, n'échange de salutations avec aucun autre cavalier ; n'est jamais souri depuis une voiture, ni salué par un passager à pied. Il chevauche avec son menton flasque enfoncé sur sa grosse poitrine ; il tient son cheval assis comme si ses jambes étaient bourrées et son dos désossé ; m'attire toujours parce qu'il est l'image de la misère dyspeptique et me dépasse toujours au même rythme de jogging lugubre. Le deuxième homme est un agent de police. Je ne peux pas sympathiser avec lui en raison de sa profession ; mais je peux observer, avec un certain intérêt tiède, qu'il est pratiquement mort de travail. Il bâille et s'étend dans les coins ; tombe parfois furtivement sur le banc de pierre devant ma fenêtre ; puis il s'en relève brusquement, comme s'il se sentait s'endormir au moment où il s'asseyait. Il a des creux là où les autres ont des joues ; et, à en juger par sa démarche, il devait être tout à fait incapable de courir après un prisonnier qui pourrait prendre la fuite. Dans l'ensemble, il me présente le curieux spectacle d'un homme langoureux essayant de s'adapter à une entreprise florissante, et échouant visiblement dans cet effort. En tant qu'enfant malade d'un système prospère, il attire mon attention. J'espère sincèrement qu'il ne me rendra pas le compliment en m'honorant de son avis.

Tels sont les quelques petits pas que je fais en amont pour porter un regard d'assez près sur l'humanité française. Si mon regard se limite absurdement à mon propre horizon obscur, ce défaut a au moins un avantage pour le lecteur : il écarte tout danger que je le dérange longuement avec mes idées et mes observations. Si d'autres apprécient aussi sincèrement que moi cette vertu de brièveté chez les écrivains, les orateurs et les prédicateurs, peut-être pourrai-je espérer, en raison de mon court champ d'observation et de mon peu de paroles, être entendu une autre fois, si j'écris le deuxième chapitre. de mes expériences invalides. J'en ai commencé la première moitié (telle que relatée ici) en France ; et je termine actuellement le deuxième (encore à enregistrer) en Angleterre. Quand le rideau se lèvera à nouveau sur mon lit de malade, ce sera Londres.

CHAPITRE DEUXIÈME.—MON LOGEMENT À LONDRES.

J'ai eu pour la dernière fois l'honneur de me présenter à la connaissance du lecteur sous la forme d'un invalide hébergé à Paris. Qu'il me soit maintenant permis de réapparaître comme un invalide, temporairement immobilisé dans un taxi de Londres. Imaginons que j'ai fait le voyage depuis Paris, à ma grande surprise et satisfaction , sans m'effondrer en chemin ; que j'ai dormi une nuit dans un hôtel de Londres pour la première fois de ma vie ; et que je suis maintenant à la dérive, impuissant, à la recherche d'appartements meublés aussi près que possible du domicile de mon médecin.

Le taxi est moche, le chauffeur boude, la matinée est brumeuse. Un chenil sec serait un refuge agréable en comparaison du misérable véhicule dans lequel je me fraye maintenant un chemin en cahotant sur les cruelles pierres de Londres. Sur notre route vers le quartier de mon médecin, nous traversons Smeary Street, une localité bien connue des habitants du nord de Londres. Je sens que je ne peux pas aller plus loin. Je me souviens que quelques amis habitent non loin de là, et je m'émancipe imprudemment du tourment du fiacre, en arrêtant le chauffeur à la toute première maison aux fenêtres de laquelle je vois une facture avec l'annonce que les appartements sont à louer. .

La porte est ouverte par une grande femme musclée, au visage boutonné et aux bras noueux parsemés d'une couche de poussière de grille à l'état de poudre impalpable. Elle m'emmène dans une chambre située à l'avant du deuxième étage. Mon premier regard scrutateur est naturellement dirigé vers le lit. C'est du genre négatif, ni sale ni propre ; mais, à côté, j'y vois un avantage positif, sous la forme d'une longue étagère en acajou, fixée dans le mur à quelques pouces au-dessus du lit, et s'étendant sur toute sa longueur, de la tête aux pieds. L'égoïsme involontaire de mon malade est en moi une impulsion aussi prédominante à Londres qu'à Paris. Je pense directement aux bibelots de mon invalide : je vois que l'étagère en acajou me servira à les garder tous à ma portée quand je serai au lit ; Je sais qu'on n'en voudra pas d'autre fin que celle à laquelle je compte l'affecter ; qu'il n'est pas nécessaire de le débarrasser chaque jour pour le dîner, comme une table, ni de le déranger lorsque le domestique nettoie la pièce, comme un support mobile. Je m'assure qu'il m'offre tous ces rares avantages, dans ma situation particulière, et je les dénonce sur-le-champ, ou, en d'autres termes, je prends la chambre immédiatement.

Si j'avais été en bonne santé, je pense que j'aurais eu deux raisons impérieuses d'agir autrement et de chercher un appartement ailleurs. En premier lieu, j'aurais dû remarquer que la chambre n'était pas très propre ni très confortablement meublée. J'aurais dû remarquer que le drugget taché et déchiré sur le sol présentait une marge de planches sales tout autour de la chambre à coucher ; et j'aurais à peine posé les yeux sur le vénérable fauteuil près du lit que je l'aurais entendu dire en privé à mon oreille, dans un langage qui lui est propre : « Étranger, je suis laissé aux puces : emmène-moi à votre péril. Même si ces signes et présages n'avaient pas suffi à me renvoyer dans la rue, j'aurais certainement trouvé l'avertissement nécessaire pour quitter la maison écrit lisiblement sur le visage, la silhouette et les manières de l'hôtesse. J'aurais probablement dû voir quelque chose de suspect et de détestable dans tout ce qui la concernait, jusqu'à son nom, qui était Mme Glutch ; J'aurais dû m'enfuir de nouveau dans la rue et ne plus m'en approcher pour le reste de la journée. Mais dans l'état actuel des choses, mes préjugés fatals et invalides m'aveuglaient sur tout sauf sur la bénédiction inattendue de cette étagère en acajou près du lit. J'ai négligé le drogué déchiré , le fauteuil peuplé de puces et la propriétaire au visage noueux et au nom inquiétant. L'étagère était suffisamment d'appât pour moi, et dès que le piège fut ouvert, j'ai récupéré mon train de flacons de médicaments et je suis entré en toute confiance.

C'est un sujet de remarque général parmi les voyageurs observateurs que les deux nations du monde civilisé qui semblent être les plus largement séparées quant aux aspects extérieurs de la vie qu'elles présentent respectivement, sont aussi les deux qui sont le plus étroitement rapprochées par le liens de voisinage de la situation locale. Avant d'avoir été établi plusieurs jours à Smeary Street, j'ai découvert que moi-même, dans ma propre sphère circonscrite, offrais un exemple remarquable de la véracité de l'observation qui vient d'être consignée. Le fort contraste entre ma vie présente et ma vie passée était une petite preuve individuelle des grands contrastes sociaux entre l'Angleterre et la France.

Je me suis vraiment présenté à Paris comme vivant de manière indépendante dans ma propre petite maison de jouets ; comme regardant une scène d'éclat et de gaieté presque perpétuelles ; et comme avoir à mes côtés des gens dont la légèreté bénie de caractère les rendait toujours joyeux, toujours étrangement caractéristiques, toujours étonnamment amusants, même aux yeux languissants d'un homme malade. Avec la même franchise, je dois maintenant raconter ma vie à Londres, qu'elle s'est déroulée avec de nombreux autres locataires, dans une grande maison sans aucun vestige de joliesse de magasin de jouets dans aucune partie de celle-ci. Je dois avouer que je regardais des murs aux couleurs ternes et des visages sérieux à travers une atmosphère chargée de fumée ; et je dois admettre que j'étais servi (en ce qui concerne le service de maison proprement dit) par des gens dont le visage nuageux semblait inconscient d'une lueur de soleil intérieur pendant des jours et des jours entiers. Le contraste ne s'arrête pas là non plus. Dans mon logement à Paris, je me suis représenté comme ayant autour de moi une variété d'objets animés et inanimés que je pouvais ou non remarquer à ma guise, et comme usant de ma liberté de choix d'une manière curieusement partielle et restreinte, en conséquence de l'effet rétrécissant de ma maladie sur mes sympathies et mes capacités d'observation. Dans mon logement londonien, je ne jouissais pas d'une telle liberté. Je n'ai pu obtenir, même temporairement, une liberté de sélection qu'en luttant pour l'obtenir résolument à contretemps. Je n'avais qu'un objet qui s'offrait à mon observation, qui se présentait perpétuellement, qui insistait pour être remarqué, peu importe à quel point ma maladie me rendait mentalement inapte et moralement réticent à l'observer ; et cet objet était… ma logeuse, Mme Glutch .

Me voilà alors, maintenant, je ne suis plus un agent libre ; il n'est plus un malade fantaisiste avec des caprices à confier à l'oreille du lecteur patient. Ma santé n'est pas meilleure dans la rue Smeary qu'elle ne l'était aux Champs-Elysées ; Je prends autant de médicaments à Londres qu'à Paris ; mais mon caractère est modifié malgré moi, et la forme et la couleur de mon fragment d'écriture actuel ne refléteront, je le crains, que trop fidèlement le changement.

J'étais un homme malade avec plusieurs choses à aborder – je *suis un* homme malade avec un seul sujet à aborder. Je peux m'en échapper quelques phrases à la fois, dans ces pages, comme je m'en suis échappé quelques minutes à la fois dans Smeary Street ; mais le fardeau de ma chanson sera maintenant, ce qu'a été le fardeau de ma vie ces derniers temps : ma logeuse. Je vais commencer par elle — je continuerai par elle — j'essaierai de m'éloigner d'elle — je reviendrai vers elle — je terminerai par elle. Elle se mêlera de tout ce que j'aurai à dire ; va empiéter sur mes observations par la fenêtre ; je prendrai mes victuailles, je boirai, mes gouttes, mes breuvages et mes pilules ; s'interposera entre moi et mes études de caractère chez les filles à tout faire, dans ce récit trop fidèle, tout comme elle le faisait dans les scènes réelles qu'il s'efforce de représenter. Tout en faisant cette reconnaissance comme un avertissement approprié au lecteur que je suis devenu un malade monotone depuis notre dernière rencontre, permettez-moi d'ajouter, en toute justice pour moi-même, que mon seul sujet a au moins l'avantage d'être terrible. Pensez à une mouche malade attendue par une bouteille bleue en bonne santé, et vous aurez une bonne idée des proportions et des positions relatives de moi et de Mme Glutch .

Je suis à peine installé depuis une heure dans mon salon du deuxième étage que la conviction s'impose dans mon esprit que Mme Glutch est résolue à faire une conquête sur moi - du genre maternel ou platonique, permettez-moi de m'empresser d'ajouter, donc comme pour fermer la bouche du scandale avant qu'elle ne soit bien ouverte. Je trouve qu'elle se présente devant moi sous le caractère d'une femme plongée dans une douce mélancolie, procédant d'une perpétuelle sympathie pour mon état de souffrance. Cela fait partie de mon caractère d'homme malade que je sais par instinct quand les gens me plaignent vraiment, tout comme les enfants et les chiens savent quand les gens les aiment vraiment ; et par conséquent, je n'ai pas passé cinq minutes en compagnie de Mme Glutch avant de savoir que sa sympathie pour moi est entièrement de ce genre dont (dans l'expression commerciale) il y a toujours un large assortiment à portée de main. Je ne prends aucune peine à cacher à Mme Glutch que je l'ai découverte ; mais elle est trop innocente pour me comprendre et continue de sympathiser même si elle est détectée. Elle devient, malgré son visage boutonné, ses bras noueux, sa grande stature et sa force, d'une manière languissante et sentimentale, dès qu'elle entre dans ma chambre. La langue sort d'elle dans un flux perpétuel, et la politesse l'entoure comme d'un halo qui ne peut jamais s'estomper. "J'ai été tellement inquiet pour toi!" est son premier salut matinal pour moi. Ces mots sont précédés d'une légère toux et suivis d'un soupir expressif et las, comme si elle avait passé une nuit blanche à cause de moi. Le lendemain matin , elle apparaît avec un bouquet de giroflées dans son poing puissant et avec une autre légère toux préliminaire : « Je vous demande pardon, monsieur ; mais je vous ai apporté quelques fleurs. Je pense qu'elles soulagent l'esprit. Le soupir expressif et las s'ensuit à nouveau, comme s'il suggérait cette fois qu'elle a travaillé dur à la campagne pour me cueillir les fleurs au petit matin. Je ne trouve pas, aussi étrange que cela puisse paraître, qu'ils me soulagent l'esprit ; mais bien sûr, je dis : « Merci. » – « Merci , monsieur », répond Mme Glutch – car cela fait partie du système de politesse oppressive de cette femme de toujours me remercier de l'avoir remerciée. Elle s'efforce invariablement d'avoir le dernier mot, quelles que soient les circonstances dans lesquelles surgit la querelle courtoise qui caractérise principalement nos relations quotidiennes.

Disons, par exemple, qu'elle entre dans ma chambre et se mette en travers de mon chemin (ce qu'elle fait toujours) au moment même où elle devrait en sortir : ses premiers mots seront nécessairement : « Je vous demande pardon ». Je grogne (pas aussi brutalement que je pourrais le souhaiter, étant faible) : « Peu importe ! » – « Merci, monsieur », dit Mme Glutch , et je tousse faiblement, je soupire et je retarde ma sortie le plus longtemps possible. Ou, prenons un autre exemple : — « Madame Glutch , cette assiette est sale. » – « Je vous suis très reconnaissant, monsieur, de m'en avoir parlé. » — « Ce n'est pas la première assiette sale que j'ai. » — " Vraiment maintenant, monsieur ? " - " Vous pouvez enlever la fourchette, car elle aussi est sale. " - " Merci, monsieur. " - Oh pour une heure de ma petite portière parisienne ! Oh pour un jour de répit loin de la politesse de Mme Glutch !

Laissez-moi essayer si je ne peux pas m'éloigner du sujet pendant un petit moment. Qu'ai-je à dire des autres locataires de la maison ? Pas beaucoup; car comment puis-je m'intéresser à des gens qui ne s'enquièrent jamais de ma santé, alors qu'ils doivent tous savoir, par les visites fréquentes du médecin et du garçon du pharmacien, que je suis malade ?

Le premier étage est habité par un vieux monsieur mystérieux et son valet de chambre. Il a emporté avec lui trois charrettes de meubles magnifiques pour aménager deux pièces - il possède un orgue sur lequel, c'est tout à son honneur, il ne joue jamais - il reçoit des notes parfumées, sort magnifiquement habillé, est ramené en privé. voitures, avec de grands valets de pied présents pour faire le plus de bruit possible avec le heurtoir de porte. Personne ne sait d'où il vient, ni ne croit qu'il passe dans la maison sous son vrai nom. Si un aristocrate âgé manque au monde de la mode, nous pensons plutôt que nous l'avons trouvé à Smeary Street et devrions être prêts à le céder à ses propriétaires légitimes moyennant le paiement d'une récompense libérale. À côté de chez moi, au deuxième étage du fond, j'entends une toux sourde et parfois un chuchotement ; mais je ne sais rien avec certitude, pas même si le tousseur creux est aussi celui qui murmure, ou s'ils sont deux, ou s'il y a ou non un troisième silencieux et samaritain qui soulage la toux et écoute le chuchotement. Au-dessus de moi, dans les greniers, il y a un piétinement et un grincement matinaux de bottes qui descendent, de bonne heure, en toute hâte, qui ne reviennent jamais de la journée, mais qui remontent précipitamment tard. la nuit. Les bottes appartiennent évidemment à des commerçants ou à des commis. En bas, dans les salons , il semble y avoir une population migratrice qui arrive une semaine et sort la semaine suivante et sur laquelle, dans certains cas, on ne peut pas du tout compter pour payer le loyer. Il m'arrive de découvrir ce dernier fait, tard dans la nuit, d'une manière plutôt alarmante et inattendue. Juste avant de me coucher, je descends, bougie à la main, dans une petite pièce du fond, au fond du couloir, au rez-de-chaussée (utilisée toute la journée pour l'accueil des visiteurs généraux, et vide, comme je le déduis imprudemment, toute la nuit), dans le but d'obtenir un coussin de canapé pour compléter ma maigre allocation d'oreillers. A peine j'ouvre la porte et m'approche du canapé que je vois, à mon grand étonnement, Mme Glutch lovée dessus, avec tous ses vêtements et un drap ondulé couleur café jeté sur ses épaules. Avant que je puisse me retourner pour m'enfuir, elle est sur ses jambes, bien réveillée en un instant et plus polie que jamais. Elle me fait un long discours d'explication qui commence par : « Je vous demande pardon » et se termine par : « Merci, monsieur ; et d'après ce dont je déduis que les locataires du salon de la semaine dernière s'en vont le lendemain matin ; qu'ils sont les personnes au monde les plus susceptibles d'oublier de payer leurs dettes légales ; et que Mme Glutch va leur tendre une embuscade toute la nuit, dans son emballage couleur café , prête à l'instant où la porte du salon s'ouvrira, à sauter dans le couloir et à réclamer son loyer.

De quoi suis-je ? Je retombe insensiblement dans le sujet inévitable et odieux de Mme Glutch , exactement conformément à mon pressentiment d'il y a quelques pages. Laissez-moi faire une dernière tentative pour m'éloigner de ma logeuse. Si j'essaie de décrire ma chambre, je suis sûr de revenir vers elle, car elle est toujours dedans. Supposons que je sors complètement de la maison et que je m'enfuie dans la rue ?

J'imagine que tous les hommes ont un intérêt quelconque dans la localité dans laquelle ils vivent. Mon intérêt pour Smeary Street est entièrement associé à mes repas quotidiens, qui défilent publiquement toute la journée sur le trottoir. Pour expliquer cette démarche assez originale, je dois mentionner qu'on m'ordonne de manger « peu et souvent », et je dois ajouter que je ne peux pas obéir à l'ordre si les aliments sont cuits dans le local où j'habite, car je J'ai eu le malheur de descendre certains escaliers souterrains et de découvrir que dans la profondeur de terre la plus basse, que je considère comme les escaliers eux-mêmes, il y a un niveau encore plus bas, qui est la cuisine au fond. Dans ces circonstances particulières, j'en suis réduit à faire appel à la fois à la nourriture et à la propreté, à la tendre merci (et à la cuisine) des amis de mon quartier , auxquels j'ai fait allusion au début de ce récit. Ils compatissent et m'aident avec la plus grande gentillesse. Des messagers dévoués, chargés de vivres légers, passent et repassent toute la journée entre leur maison et ma chambre. La morosité de Smeary Street est égayée par des collations perpétuelles portées en procession publique. Les yeux de mes voisins d'en face , regardant par la fenêtre et ne semblant pas se soucier de ma maladie, se régalent du matin au soir en passant des plats et des bassins, qui partent vers l'ouest pleins et fumants, et reviennent vers l'est vides avec éloquence. Mon quartier sait quand je dîne et peut sentir, s'il le souhaite, ce que j'ai pour le dîner. La première femme de ménage agenouillée sur le pas de la porte peut garder sa main frottée et tourner sa tête pensive et scruter mon simple petit-déjeuner, avant que je sache moi-même ce que ce sera moi-même. Le paresseux de midi, qui se prélasse le long de Smeary Street, se souvient souvent gentiment de son propre déjeuner en rencontrant le mien. Les amis qui frappent à ma porte peuvent sentir mon dîner derrière eux et savoir comment je maintiens mon endurance, avant d'avoir eu le temps de s'enquérir de ma santé. Mon dîner rend les ténèbres extérieures savoureuses à mesure que la soirée se rapproche ; et mes assiettes vides surprennent le silence grandissant avec un fracas convivial alors qu'ils reprennent le chemin du retour jusqu'à la dernière heure de la nuit.

N'y a-t-il pas de côté sombre à ce tableau lumineux ? N'y a-t-il jamais aucun accroc dans ces arrangements amicaux pour me nourrir de la manière la plus propre, avec le régime le plus appétissant ? Oui, il y a un problème. Allez-vous lui donner un nom ? Je vais. Son nom est Mme Glutch .

Il est normal, je le sais bien, que ma logeuse s'offusque de la condamnation tacite de sa propreté et de sa cuisine, impliquée dans les arrangements alimentaires que j'ai pris avec mes amis. Si elle voulait seulement exprimer son sentiment d'offense en boudant ou en s'emportant, je ne me plaindrais pas ; car dans le premier cas supposé, je pourrais avoir raison d'elle en ne remarquant rien, et, dans le second, je pourrais espérer, avec le temps, l'apaiser par des réponses douces et des tergiversations polies. Mais les moyens qu'elle prend en réalité pour me punir de mon sentiment trop aigu de la saleté de sa cuisine sont d'une nature si diaboliquement ingénieuse et impliquent une série si continue de petites persécutions, que je suis rendu, du début à la fin, tout à fait impuissant à lui résister. Dois-je décrire son plan de contrariété ? Je *dois* le décrire – je dois revenir à mon seul sujet interdit (comme je le prévoyais) malgré moi.

Mme Glutch , donc, au lieu de diriger sa colère contre moi, ou ma nourriture, ou mes amis, ou les messagers de mes amis, se venge entièrement sur leurs nappes et leur vaisselle. Elle ne déchire pas les premiers ni ne brise les seconds – car cela ne serait qu'un système de persécution simple et primitif – mais elle les fait sortir clandestinement, un à un, de ma chambre, et les confond inextricablement avec ses propres biens, dans le milieu crasseux. régions de la cuisine. Elle a un pouvoir de cacher invisiblement sous mes yeux les plus grands plats à tarte et les torchons les plus volumineux, que je ne peux comparer qu'à un tour de passe-passe. Chaque matin, je vois des ustensiles de table que mes amis me prêtent, rangés prêts à rentrer , dans ma propre chambre. Chaque soir, lorsqu'on les recherche, je constate qu'il en manque quelques-uns, et que ma logeuse en est encore plus surprise que moi. Si la servante de mes amis ose dire, en sa présence, que la cuisinière lui veut le torchon d'hier, et si je le renvoie à Mme Glutch , la femme immobile renifle seulement, hoche la tête et « se demande comment le jeune homme aurait pu se rabaisser en lui apportant un message aussi péremptoire. » Si j'essaie sous ma seule responsabilité de récupérer les biens disparus, elle me laisse voir, par son attitude du début, qu'elle pense que je la soupçonne de les avoir volés. Si je ne prête pas attention à cette manœuvre et persiste innocemment à poser des questions supplémentaires sur l'objet disparu, voici un échantillon du genre de dialogue qui ne manquera pas d'avoir lieu entre nous : -

"Je pense, Mme Glutch "——

"Oui Monsieur!"

"Je pense que l'un des grands bassins à pudding de mes amis est descendu."

"Vraiment, maintenant, monsieur ? Une grande bassine à pudding ? Non : je ne pense pas."

"Mais je ne le trouve pas ici, et on veut le récupérer."

"Naturellement, monsieur."

"Je l'ai mis sur les tiroirs, Mme Glutch , prête à rentrer, hier soir."

« Vraiment, monsieur ?

"Peut-être que le domestique l'a descendu pour le nettoyer ?"

"Pas du tout probable, monsieur. Si vous voulez bien vous rappeler, vous lui avez dit lundi soir dernier - ou, non, je vous demande pardon - mardi matin dernier, que vos amis nettoyaient eux-mêmes leur vaisselle et que leurs affaires ne devaient pas être rangées. Etre touché."

"Peut-être l'avez-vous descendu vous-même, Mme Glutch , par erreur ?"

"Moi, monsieur ! Je ne l'ai pas fait. Je ne pouvais pas. Pourquoi le devrais-je ? Je pense que vous avez dit une grande bassine à pudding, monsieur ?"

"Oui, je l'ai dit."

"J'ai moi-même dix grandes bassines à pudding, monsieur."

"Je suis très heureux de l'entendre. Veux-tu avoir la gentillesse de regarder parmi eux et de voir si le bassin de mes amis ne s'est pas mêlé à ta vaisselle ?"

Mme Glutch devient très rouge au visage, gratte lentement ses bras musclés, comme si elle ressentait une sensation d'irritation pugilistique, me regarde fixement avec une paire d'yeux brillants et quitte la pièce au rythme le plus lent possible. J'attends et je sonne, j'attends et je sonne, j'attends et je sonne. Après la troisième attente et la troisième sonnerie, elle réapparaît, le visage plus rouge et la marche plus lente qu'auparavant, avec l'objet disparu présenté devant elle à bout de bras.

"Je vous demande pardon, monsieur", dit-elle, "mais est-ce que cela ressemble au grand bassin à pudding de vos amis ?"

"C'est le bassin lui-même, Mme Glutch ."

" Vraiment, maintenant, monsieur ? Eh bien, comme vous semblez si positif, ce n'est pas à moi de vous contredire. Mais j'espère que je ne vous offenserai pas si je mentionne que j'avais moi-même dix grandes bassines à pudding, et que L'un d'eux me manque."

Avec ce dernier tour de parole adroit, elle abandonne le bassin avec l'air d'une femme noble, qui renoncera à ses propres biens plutôt que de s'exposer aux doutes injurieux d'un homme morbide et méfiant. Quand j'ajoute que la petite scène que je viens de décrire se déroule entre nous presque tous les jours, le lecteur conviendra que, même si Mme Glutch ne peut m'empêcher de jouir dans ses locaux sales du luxe de contrebande d'un dîner propre, elle peut au moins y aller à merveille. des efforts pour accomplir l'ennui secondaire de m'empêcher de le digérer.

J'ai fait allusion à un troisième personnage sous la forme d'un domestique, dans mon rapport du dialogue précédent ; et j'ai déjà fait allusion à moi-même (en préparant la voie à l'introduction de ma logeuse), en étendant mes études sur le caractère humain, dans mon logement de Londres, à ces membres abandonnés de la population appelés servantes à tout travail. Les servantes - j'utilise le pluriel à bon escient - se présentent à moi pour être étudiées, comme apprenties au dur métier du service, sous la surveillance matronne de Mme Glutch . Leur succession est assez rapide pour que toute l'attention que je puisse soustraire à ma logeuse soit constamment occupée à rechercher leurs particularités. Depuis que je suis resté trois semaines à Smeary Street, j'ai eu trois servantes à tout faire pour étudier — une nouvelle servante pour chaque semaine ! En examinant les trois individuellement devant le lecteur, je dois être autorisé à les distinguer par des numéros plutôt que par des noms. Mme Glutch leur crie à tous sans discernement du nom de Mary, tout comme elle crierait à une succession de chats du nom de Puss. Maintenant, même si j'écris toujours sur Mme Glutch , il me reste encore assez d'esprit pour défendre ma propre individualité, en m'abstenant de suivre son exemple. En obéissance donc à ces dernières reliques de sentiment indépendant, accordez-moi la liberté de numéroter mes servantes à tout travail, tandis que je les présente au public dans ces pages.

Le Numéro Un est émerveillé par le spectacle de ma maladie et me regarde toujours. Si je tombais malade un soir, que j'allais dans un dispensaire, que je demandais un flacon de médicament et que je me rétablissais le lendemain matin ; ou, si je me présentais devant elle au dernier soupir et mourais sur-le-champ dans Smeary Street, elle serait, dans les deux cas, capable de me comprendre. Mais une maladie sur laquelle la médecine ne produit aucun effet immédiat et qui ne fait pas toujours gémir le malade au lit, dépasse son entendement . Personnellement, elle est très petite et robuste, et est toujours recouverte de la tête aux pieds de poudre noire, qui semble particulièrement épaisse sur elle le matin. Comment l'accumule-t-elle ? Se lave-t-elle avec le liquide ordinaire utilisé pour les ablutions ? ou prend-elle un bain profond tous les matins sous la grille de la cuisine ? J'ai peur de lui poser cette question ; mais j'arrive à la faire parler d'autre chose. Elle a l'air très surprise, la pauvre créature, lorsque je lui laisse voir pour la première fois que j'ai d'autres mots à prononcer en m'adressant à elle, que le mot d'ordre ; et elle semble me considérer comme le plus excentrique des hommes, lorsqu'elle découvre que j'ai un souci décent de lui épargner toute peine inutile à me servir. Aussi jeune qu'elle soit, elle a travaillé si longtemps sur les voies les plus méchantes de ce monde, sans un seul instant de loisir pour lever les yeux de la saleté éternelle de la route vers le paysage vert qui l'entoure et le ciel pur au-dessus, qu'elle s'est endurcie. le plus triste, sûrement, des sorts humains avant qu'elle ne soit encore une femme adulte. La vie signifie un sale boulot, de petits salaires, des paroles dures, pas de vacances, pas de position sociale, pas d'avenir, selon son expérience. Aucun être humain n'a jamais été créé pour cela. Aucun État social qui accepte calmement, pour des milliers de personnes, cela comme une des conditions nécessaires de son confort égoïste, ne peut se faire passer pour civilisé , sauf sous le plus audacieux de tous les faux prétextes . Ces pensées me viennent souvent lorsque je sonne et que la servante à tout faire répond avec lassitude. Je ne peux pas les lui communiquer : je ne peux que l'encourager à me parler de temps en temps sur un pied d'égalité. Au moment même où je réussis à atteindre cet objectif, Numéro Un disperse tous mes plans et desseins aux vents en me disant qu'elle s'en va.

Je demande Pourquoi ? et on me dit qu'elle ne peut plus supporter d'être insultée et traquée par Mme Glutch . La femme d'une politesse oppressante qui ne peut s'adresser à moi sans me demander pardon ne trouve pas de mots durs dans le vocabulaire assez durs pour la servante à tout faire. "J'ai peur pour ma vie", dit Numéro Un, en m'excusant d'avoir quitté les lieux. "Je suis si petite et elle est si grande. Elle me soulève des choses à la tête, c'est vrai. Travaillez aussi dur que vous le pouvez, vous ne pouvez pas travailler assez dur pour elle. Je dois y aller, s'il vous plaît, monsieur. Quoi que vous fassiez tu crois qu'elle a fini ce matin ? Elle s'est levée et m'a fait des plis. Avec ces mots (que je trouve méchants dans un anglais distingué, que Mme Glutch a imposé ses derniers ordres à la servante en lui jetant un bouquet de cresson à la tête), le Numéro Un fait la révérence et dit : « Au revoir ! et repart avec résignation dans le monde dur. Je la suis un petit moment, en imagination, sans grand effet réconfortant sur mon moral : car qu'est-ce que je vois qui l'attend à chaque étape de sa carrière ? Hélas, pour Numéro Un, c'est toujours un personnage à l'effigie de Mme Glutch .

Le numéro deux me laisse assez perplexe. Je la vois me sourire perpétuellement et j'imagine, d'abord, qu'elle me considère comme un nouveau genre d'imposteur, qui simule la maladie pour s'amuser. Mais je découvre bientôt qu'elle sourit à tout : au feu qu'elle allume, au linge qu'elle prépare pour le dîner, aux flacons de médicaments qu'elle monte à l'étage, au visage furibond de Mme Glutch , prête à transporter des paniers entiers pleins de des plis à la tête chaque matin. En la regardant avec l'œil d'un artiste, je suis obligé d'admettre que Numéro Deux est, comme disent les peintres, hors du dessin. Ce qui est le plus long chez elle, ce sont ses bras ; la chose la plus épaisse chez elle est sa taille. Il est impossible de croire qu'elle ait des jambes, et il n'est pas facile de trouver le substitut qui, à défaut de cou, sert à empêcher sa grosse tête de rouler sur ses épaules rondes. J'essaie de la faire parler, mais je ne réussis qu'à l'encourager à me sourire. Les paroles grossières et les sales besognes incessantes ont-elles obscurci tout le peu de lumière qui a jamais été laissée entrer dans son esprit ? Je soupçonne que c'est le cas, mais je n'ai pas le temps d'acquérir des informations positives à ce sujet. À la fin de la première semaine de service du numéro deux, Mme Glutch découvre, à sa grande horreur et indignation, que la nouvelle servante à tout faire ne possède rien sous forme de vêtements, à l'exception des vêtements usés qu'elle porte actuellement. son dos; et, pour aggraver les choses, une logeuse dans le salon manque une paire de manchettes en dentelle et est sûre que la servante l'a prise. Il n'existe pas la moindre preuve pour étayer cette vision de l'affaire ; mais le numéro deux étant démuni, il est par conséquent condamné sans procès et renvoyé sans caractère. Elle aussi s'égare abandonnée dans un monde qui n'a pas de havre de repos ni de voix de bienvenue pour elle - s'éloigne, sans même un paquet sale à la main - s'éloigne, sans voix, avec le sourire immuable sur le visage couvert de cochonneries. . Comme nous serions tous choqués si nous ouvrions un livre sur un pays sauvage et voyions sur le frontispice un portrait du numéro deux comme un spécimen de la population féminine !

Le numéro trois nous vient du Pays de Galles ; arrive tard un soir et se retrouve le lendemain à sept heures du matin, en train de pleurer comme si elle allait lui briser le cœur, sur le pas de la porte. C'est la première fois qu'elle s'absente de chez elle. Elle ne s'est pas encore habituée à être une naufragée parmi les étrangers. Les vaches du matin lui manquent, les champs bénis avec le rougissement du lever du soleil, les visages familiers, les sons familiers, la propreté familière de sa maison de campagne. Il n'y a pas ici le moindre écho de la voix de ma mère, ni du pas vigoureux de mon père. Mon chéri John Jones est à des centaines de kilomètres ; et le petit frère Joe monte le pas de la porte loin de là pour réclamer à grands cris le petit-déjeuner qu'il recevra ce matin d'autres que les mains de sa sœur. N'y a-t-il rien à pleurer là-dedans ? Absolument rien, comme le pense Mme Glutch . Que veut dire cette barbare galloise en s'accrochant à la grille de ma cour alors qu'elle devrait allumer le feu ? en sanglotant devant le public de Smeary Street quand les cloches des locataires sonnent avec colère pour le petit-déjeuner ? Rien ne fera rentrer la fille à l'intérieur ? Oui, quelques mots gentils de la part de la femme qui passe à côté d'elle avec mon petit-déjeuner. Elle sait que la Galloise a à la fois faim et le mal du pays, l'interroge, découvre qu'elle n'a pas dîné après son long voyage et qu'elle a l'habitude de prendre son petit-déjeuner au lever du soleil dans la ferme du Pays de Galles. Quelques mots de miséricorde l'éloignent des grilles, et un peu de nourriture inaugure le processus de dressage pour son service à Londres. Elle ne lui a pourtant permis que quelques jours de pratiquer d'abord la vertu d'une résignation obstinée. Avant qu'elle ne m'ait donné de nombreuses occasions d'étudier son caractère, avant qu'elle ait fini de froncer les sourcils dans l'effort mental désespéré d'essayer de comprendre le mystère de ma maladie, avant que la cochonnerie ne se soit complètement installée sur ses joues roses, avant que la saleté de Londres ne soit complètement installée. Après avoir atténué le motif de sa robe aux imprimés soignés, elle aussi est jetée à la dérive dans le monde. Elle ne convient pas à Mme Glutch (étant, comme j'imagine, d'une propreté trop offensive pour faire partie intégrante des meubles de cuisine) - une sympathique servante à tout faire, en service près de chez nous, a entendu parler d'une place pour elle. - et elle est aussitôt renvoyée pour être salie et endormie jusqu'à son niveau social approprié dans une autre maison d'hébergement.

Avec elle se terminent mes études de caractère chez les servantes à tout faire. J'entends de vagues rumeurs sur l'arrivée du Numéro Quatre. Mais avant qu'elle n'apparaisse, j'ai obtenu l'autorisation du médecin pour m'installer à la campagne et j'ai mis fin à mon expérience du logement à Londres en m'échappant à toute vitesse convenable de la présence perpétuelle et des persécutions de Mme Glutch . J'ai été témoin de tristes spectacles au cours de mon séjour à Smeary Street, qui m'ont appris à ressentir pour mes pauvres et désespérés semblables comme je ne pense pas avoir jamais ressenti pour eux auparavant, et qui m'ont incité à douter pour la première fois. si de pires calamités n'auraient pas pu m'atteindre que la difficulté de tomber malade.

CROQUIS DE CARACTÈRE.—II.
UN ARTICLE CHOQUANT GROS.

[Communiqué par Une Charmante Femme.]

Avant de commencer à écrire, je sais que cette composition sera impopulaire dans certains milieux privilégiés. Mais malgré cette conviction, j'entends continuer, car quand j'ai quelque chose en tête, je dois le dire positivement. Est-il nécessaire, après cela, d'avouer que je suis une femme ? Si c'est le cas, je fais l'aveu – à mon grand regret. Je préférerais de loin être un homme.

J'espère que personne ne sera induit en erreur par mes débuts de cette manière, en pensant que je suis une défenseure des droits des femmes. Des créatures ridicules ! ils ont déjà trop de droits ; et s'ils ne tiennent pas leur langue bavarde, un de ces jours, les pauvres chers hommes trompés les découvriront.

Les pauvres chers hommes ! Les mentionner me rappelle ce que j'ai à dire. J'ai séjourné au bord de la mer et j'ai lu une immense quantité de romans et de périodiques, et tout ce genre de choses, ces derniers temps ; et mon idée est que les hommes écrivains (les seuls écrivains qui valent la peine d'être lus) ont l'habitude de s'utiliser très injustement les uns les autres dans les livres et les articles, etc. Regardez où je peux, je trouve, par exemple, que la grande proportion des mauvais personnages dans leurs histoires par ailleurs très charmantes sont toujours des hommes. Comme si les femmes n'étaient pas bien pires ! D'autre part, la plupart des imbéciles amusants de leurs livres sont, étrangement et inexplicablement, de leur propre sexe, bien qu'il soit parfaitement évident que la grande majorité de ce genre de caractère se retrouve dans le nôtre. D'un autre côté, alors qu'ils considèrent leur propre moitié de l'humanité (comme je l'ai clairement prouvé) comme étant bien trop mauvaise, ils vont à l'extrême contraire dans l'autre sens et considèrent notre moitié comme bien trop belle. Que veulent-ils dire en nous représentant comme étant tellement meilleurs et tellement plus jolis que nous ne le sommes réellement ? Ma foi, quand je vois quels anges les chers gentils hommes font de leurs héroïnes, et quand je pense à moi et à tout le cercle de mes amies, je me sens tout à fait dégoûté, oui, en effet.

J'aimerais beaucoup entrer d'emblée dans l'ensemble de ce sujet et exprimer mes sentiments à ce sujet le plus longuement possible. Mais j'épargnerai le lecteur, et j'essaierai plutôt de me contenter d'entrer dans une partie du sujet ; car, considérant que je suis une femme, et me faisant d'immenses concessions à ce sujet, je ne suis vraiment pas tout à fait déraisonnable. Donnez-moi une page ou deux, et je montrerai en particulier, et qui plus est, à partir de la vie réelle, combien les hommes écrivains sont absurdement partiaux envers notre sexe et combien scandaleusement injustes ils sont envers le leur.

Bores.—Ce que je propose, c'est que nous prenions pour notre exemple actuel les seuls personnages de Bores. Si nous lisions seulement des romans, des articles, etc., pour hommes, je n'hésiterais pas à dire que nous devrions supposer que tous les Bore de la création humaine étaient du sexe masculin. C'est généralement, sinon toujours, un homme, dans les livres pour hommes, qui raconte une histoire interminable, qui arrive au mauvais moment et se rend tout à fait odieux et intolérable envers tous ceux avec qui il entre en contact, sans être dans le lui-même en est le moins conscient. Comme c'est injuste et, je dois l'ajouter, combien c'est extrêmement faux ! Les femmes sont tout aussi mauvaises, voire pires. Pour une fois, messieurs, regardez autour de vous avec impartialité et reconnaissez la vérité. Bonne grace! la société n'est-elle pas pleine de Lady-Bores ? Pourquoi ne pas leur donner la parole la prochaine fois que vous écrirez ?

Deux exemples : je ne citerai que deux exemples parmi des centaines que j'ai pu produire de ma propre connaissance. Seulement deux : parce que, comme je l'ai déjà dit, je suis raisonnable quant à ne pas prendre de place. Je peux ranger les choses dans un très petit espace lorsque j'écris, ainsi que lorsque je voyage. J'aimerais que le monsieur littéraire qui imprime gentiment ceci (je ne permettrais pas à une femme de l'imprimer pour une somme d'argent qu'on pourrait m'offrir) voie avec quel peu de bagages je voyage. En tout cas, il verra combien peu de place je peux volontiers supporter dans ces pages.

Ma première Lady-Bore — voyez avec quelle rapidité j'arrive à l'affaire en main, sans perdre une seule ligne en phrases préliminaires ! — ma première Lady-Bore est Miss Sticker. Cela ne me dérange absolument pas de mentionner son nom ; parce que je sais que si elle en avait l'occasion, elle ferait la même chose avec moi. Cela ne sert à rien de dissimuler le fait, alors autant avouer tout de suite que Miss Sticker est une frayeur. Loin de moi l'idée de causer de la douleur là où la chose peut être évitée par tous les moyens ; mais si je disais que Miss Sticker reverrait un jour quarante ans, je serais coupable d'une tromperie injustifiable envers le public. J'ai la plus forte objection imaginable à mentionner le mot jupons ; mais si c'est la seule description possible de la figure de Miss Sticker qui donne une idée vraie de sa nature et de sa composition, que dois-je faire ? Peut-être que je ferais mieux de renoncer à décrire l'apparence personnelle de la pauvre créature. Je me retrouverai dans des difficultés de plus en plus profondes si j'essaie de continuer. La toute dernière fois que j'étais en sa compagnie, nous nous promenions dans Regent Street, accompagnés du mari de ma sœur. Comme nous passions devant un salon de coiffure, le cher homme simple entra et me demanda à quoi servaient ces longues queues de cheveux qu'il voyait accrochées aux fenêtres. Miss Sticker, la pauvre âme, était à son bras et l'entendit poser la question. Je pensais que j'aurais dû laisser tomber.

C'est, je crois, ce que vous appelez une digression. Je vais cependant m'arrêter là, car cela expliquera probablement au lecteur judicieux pourquoi j'évite soigneusement le sujet – le maigre sujet, pourrait dire une personne de mauvaise humeur – des cheveux de Miss Sticker. Supposons que je passe à ce qui est le plus important lié à l'objet de ces pages – supposons que je décris ensuite le personnage de Miss Sticker.

Un homme extrêmement sensé a observé quelque part qu'un ennuyeux est une personne qui n'a qu'une idée. Exactement. Miss Sticker est une personne avec une seule idée. Malheureusement pour la société, son idée est qu'elle est tenue par les lois de la politesse de se joindre à toutes les conversations qui se déroulent à la portée de ses oreilles. Elle n'a aucune idée, aucune information, aucun langage fluide, aucun tact, aucun pouvoir de dire le bon mot au bon moment, même par hasard. Et pourtant, elle *conversera* , comme elle l'appelle. "Une gentille femme, ma chère, devient un simple chiffre dans la société à moins qu'elle ne puisse converser." C'est sa façon de le dire ; et j'ai profondément le regret d'ajouter qu'elle est l'une des rares personnes à prêcher ce qu'elles pratiquent . Sa façon de procéder consiste d'abord à vérifier la conversation en faisant une remarque qui n'a aucun rapport avec le sujet en discussion. Elle arrête ensuite tout cela en étant soudainement à court d'un mot particulier que personne ne peut suggérer. Enfin, la parole est abandonnée ; un autre sujet est abordé dans le désespoir ; et l'entreprise s'y intéresse chaleureusement. Juste à ce moment-là, Miss Sticker retrouve le mot perdu ; le crie triomphalement au milieu de la conversation ; et ainsi disperse le second sujet aux vents, exactement comme elle a déjà dispersé le premier.

La dernière fois que je suis allé chez ma tante, je ne le mentionne qu'à titre d'exemple, j'y ai trouvé Miss Sticker et trois hommes charmants. L'un d'eux était un ecclésiastique de la chère vieille école du vin de Porto au visage violet. Les deux autres auraient eu l'air de militaires, si l'un d'eux n'avait pas été ingénieur et l'autre rédacteur en chef d'un journal. Nous aurions eu une conversation délicieuse si la Lady-Bore n'avait pas été présente. D'une certaine manière, j'oublie vraiment comment nous en sommes arrivés à parler d'accorder du crédit et de payer des dettes ; et le cher vieux pasteur, avec ses yeux pétillants et sa voix enjouée, nous a offert une anecdote professionnelle sur le sujet.

"En parlant de ça", commença-t-il, "j'ai épousé un homme l'autre jour pour la troisième fois. Un homme de ma paroisse. Joueur de cricket de la capitale quand il était assez jeune pour se présenter. "Quels sont vos honoraires ? » dit-il. « Mariage autorisé ? dis-je ; « la Guinée bien sûr ». — « Je dois vous apporter votre dîme dans trois semaines, monsieur, » dit-il, « donnez-moi jusque-là ; "Très bien", dis-je, et je l'ai épousé. Dans trois semaines, il vient payer sa dîme comme un homme. "Maintenant, monsieur", dit-il, "à propos de ces frais de mariage, monsieur, j'espère que vous voudrez bien." laissez-moi partir à moitié prix, car cette fois j'ai épousé une méchante femme. J'ai une demi-guinée sur moi, monsieur, si vous voulez bien la prendre. Elle n'en vaut pas la peine. un sou de plus… sur parole d'homme, elle ne l'est pas, monsieur ! Je l'ai regardé attentivement et j'ai vu deux égratignures dessus, et j'ai pris la demi-guinée, plus par pitié que pour toute autre chose, cependant, je n'épouserai plus jamais un homme à crédit, tant que je vivrai. à toutes les occasions futures – en espèces ou pas de mariage ! »

Pendant qu'il parlait, j'avais un œil sur Miss Sticker. Grâce au déjeuner qui était sur la table, elle était physiquement incapable de « converser » pendant que notre révérend ami racontait sa petite anecdote humoristique. Tout comme il l'avait fait , et au moment où le rédacteur en chef du journal abordait le sujet, elle finit son poulet et se détourna de table.

"Encaissez, mon cher monsieur, comme vous dites", a poursuivi le rédacteur en chef. " Vous décrivez exactement notre grand principe d'action dans la presse. Il se passe des choses des plus extraordinaires et des plus amusantes avec les abonnés aux journaux... "

"Ah, la presse !" » fit irruption Miss Sticker, commençant à converser. "Quel moteur merveilleux ! et comme nous devrions nous sentir reconnaissants lorsque nous recevons le journal si régulièrement chaque matin au petit-déjeuner. La seule question est - du moins, beaucoup de gens le pensent - je veux dire, en ce qui concerne la presse, la seule question est si cela devrait être... »

Ici, Miss Sticker a perdu le mot suivant et toute la compagnie a dû le chercher.

"En ce qui concerne la presse, la seule question est de savoir si elle devrait être... Ô mon cher, mon cher, mon cher moi !" s'écria Miss Sticker en levant ses deux mains de désespoir, quel est ce mot ?

"Moins cher?" suggéra notre révérend ami. "Attendez, madame ! cela ne peut guère être le cas, quand il ne s'agit déjà que d'un sou."

"Oh non, pas moins cher", dit Miss Sticker.

"Plus indépendant?" » s'enquit l'éditeur. "Si vous voulez dire cela, je défie quiconque de trouver des dénonciations plus courageuses de la corruption——"

"Non non!" s'écria Miss Sticker, dans une agonie de confusion polie. "Je ne voulais pas dire ça. Plus indépendant n'était pas le mot."

"Mieux imprimé?" suggéra l'ingénieur.

"Sur un meilleur papier ?" a ajouté ma tante.

"Cela ne peut pas être fait - si vous parlez de la presse bon marché - cela ne peut pas être fait pour l'argent", intervint le rédacteur en chef avec irritation.

"Oh, mais ce n'est pas ça !" continua Miss Sticker en tordant ses doigts osseux, avec d'horribles mitaines noires dessus. "Je ne voulais pas dire mieux imprimé ou meilleur papier. C'était un mot que je voulais dire, pas deux. — En ce qui concerne la presse", poursuivit Miss Sticker, répétant soigneusement ses propres mots ridicules, pour aider à la mémoire, " la seule question est de savoir si cela devrait être... Dieu merci, comme c'est extraordinaire ! Eh bien, peu importe : je suis tout à fait choqué et j'ai honte de moi-même. Je vous en prie, continuez à parler et ne me remarquez pas. "

C'était très bien de dire : Continuez à parler ; mais l'histoire amusante du rédacteur sur les abonnés aux journaux avait été, à ce moment-là, fatalement interrompue. Comme d'habitude, Miss Sticker nous avait arrêtés en plein flux. L'ingénieur brisa le silence avec considération en abordant un autre sujet.

"Il y a des cartes de mariage sur votre table", dit-il à ma tante, "que je suis très heureux de voir là. Le marié est un de mes vieux amis. Sa femme est vraiment une beauté. Vous savez à quel point il fait sa connaissance pour la première fois ? Non ? C'était toute une aventure, je vous l'assure. Un soir, il était dans le dernier train de Brighton ; une charmante fille dans la voiture l' a énormément séduite ; après un long moment, avec beaucoup de difficulté. À une demi-heure de Brighton, la charmante jeune fille sourit et dit à notre ami : « Allons-nous avoir beaucoup de temps maintenant, monsieur, avant d'arriver à Gravesend ? Cas de confusion dans ce terrible terminus de London Bridge. Dilberry a expliqué qu'elle serait à Brighton dans une demi-heure, sur quoi la charmante jeune fille a immédiatement et correctement fondu en larmes : « Oh, que dois-je faire ? !' Deuxième flot de larmes. — « Et si vous télégraphiiez ? dit Dilberry d'un ton apaisant. — « Oh, mais je ne sais pas comment ! dit la charmante jeune fille. Il sort le portefeuille de Dilberry . Il a trouvé le moyen de découvrir qui étaient ses amis. "Je vous prie de me laisser écrire le message nécessaire pour vous", dit Dilberry . Gravesend ? » – « Mon père et ma mère séjournent là-bas avec des amis », dit la charmante jeune fille. « J'ai trouvé un ticket journalier et j'ai vu une foule de gens quand je suis revenu à la gare, tous partant ensemble. et j'étais pressé et effrayé, et personne ne me l'a dit, et il était tard dans la soirée, et la cloche sonnait, et, ô ciel, que vais-je devenir ! Troisième éclat de larmes. — « Nous télégraphierons à votre père », dit Dilberry . « Je vous en prie, ne vous affligez pas. Dites-moi seulement qui est votre père. » — « Merci mille fois, dit la charmante jeune fille. mon père est--'"

" ANONYME ! " crie Miss Sticker, produisant sa parole perdue avec un parfait élan de triomphe. "Comme je suis contente de m'en être enfin souvenue ! Bénis-moi", s'exclame la Lady-Bore, tout à fait inconsciente d'avoir mené l'histoire de l'ingénieur à une conclusion abrupte, en donnant à sa demoiselle en détresse un père anonyme ; " Dieu merci ! de quoi vous moquez-vous tous ? Je voulais seulement dire que la question en ce qui concerne la presse était de savoir si elle devait être anonyme. De quoi diable y a-t-il de quoi rire là-dedans ? Je ne sais vraiment pas. tu vois la blague."

Et cette femme s'en sort indemne, tandis que des hommes relativement innocents sont ridiculisés, roman après roman, par dizaines à la fois ! Quand les écrivains masculins trompés verront-ils mon sexe sous ses vraies couleurs et le décriront-ils en conséquence ? Quand Miss Sticker prendra-t-elle la place qui lui revient dans la littérature anglaise ?

Ma deuxième Lady-Bore est cette créature haineuse, Mme Tincklepaw . Où, sur toute la surface intéressante de l'humanité masculine (y compris les cannibales), où se trouve l'homme qu'il ne serait pas scandaleux de mentionner dans le même souffle avec Mme Tincklepaw ? Le grand plaisir de la vie de cette femme choquante, c'est de se quereller avec son mari (le pauvre homme, il a toute ma sympathie et mes meilleurs vœux), puis d'emporter la querelle hors de la maison avec elle et de la laisser retomber dans le monde. en général, dans une série de courtes allusions malveillantes. Mme Tincklepaw est exactement le contraire de Miss Sticker. C'est une très petite femme ; elle est (et c'est encore plus dommage pour elle, compte tenu de la façon dont elle agit) assez jeune pour être la fille de Miss Sticker ; et elle a une sorte de tact vif pour inquiéter des innocents, dans toutes les circonstances possibles, ce qui la distingue (honteusement) de la pauvre Maid-Bore faible d'esprit, à laquelle le lecteur a déjà été présenté. Voici quelques exemples – tous tirés, soit dit en passant, de mes propres observations personnelles – de la manière dont Mme Tincklepaw parvient à persécuter ses semblables inoffensifs partout où elle les rencontre :

Disons que je me promène et que je rencontre par hasard M. et Mme Tincklepaw . (À propos, elle ne quitte jamais son mari des yeux, il est trop nécessaire à l'exécution de ses petits tourments. Et une créature si noble, pour être utilisée à un but aussi vil ! Il mesure six pieds deux pouces, et se distingue en outre par une corpulence glorieuse et majestueuse, qui n'a aucune sorte de rapport avec l'élément relativement comique de la graisse. Sa nature, compte tenu de la femme qu'il a, est inexcusablement douce et patiente. Au lieu de lui répondre, il caresse la sienne. Il a de magnifiques moustaches de lin et regarde le ciel avec résignation. J'ai parfois l'impression qu'il se tient trop haut pour entendre ce que dit sa naine d'épouse. Pour lui, pauvre homme, j'espère que cette vision des choses est peut-être la vraie.)

J'ai peur d'avoir réussi à me perdre dans une longue parenthèse. Où étais-je? Ô ! dehors en marchant et en rencontrant M. et Mme Tincklepaw . Elle a eu une dispute avec son mari à la maison, et c'est ainsi qu'elle s'arrange pour me le faire savoir.

« Il fait un temps délicieux, ma chère, n'est-ce pas ? » Dis-je en nous serrant la main.

"Charmant, en effet", dit Mme Tincklepaw . "Sais-tu, mon amour, je suis si contente que tu aies fait cette remarque à moi, et non à M. Tincklepaw ?"

"Vraiment?" Je demande. "Je vous prie, dites-moi pourquoi ?"

"Parce que," répond la méchante créature, "si vous aviez dit que c'était une belle journée à M. Tincklepaw , j'aurais eu tellement peur qu'il vous regarde directement en fronçant les sourcils et en disant : " Des trucs ! parlez de quelque chose qui vaut la peine d'être écouté, si vous parlez. Quel amour pour votre bonnet ! et comme M. Tincklepaw aurait aimé rester dans votre maison alors que vous vous prépariez à sortir aujourd'hui. Il vous aurait attendu si patiemment, ma chère. je n'ai jamais tapé du pied dans le passage ; et pas de mots tels que : « Bon, prends cette femme, est-ce qu'elle va me garder ici toute la journée ? aurait probablement échappé à ses lèvres. N'aimez pas ! Ne regardez pas les magasins pendant que M. Tincklepaw est avec nous. Il pourrait dire : « Oh, vous avez toujours envie d'acheter quelque chose ! Je n'aimerais pas que cela arrive. N'est-ce pas, chérie ? »

Une fois de plus. Disons que je rencontre M. et Mme Tincklepaw lors d'un dîner donné en l'honneur des mariés. Dès l'instant où elle entre dans la maison, Mme Tincklepaw ne quitte plus le jeune couple des yeux. Elle les regarde avec une expression de curiosité brisée. Chaque fois qu'ils se parlent, elle suspend instantanément toute conversation dans laquelle elle est engagée et les écoute avec une triste avidité. Quand les dames se retirent, elle met la mariée dans un coin ; se l'approprie pour le reste de la soirée ; et persécute ainsi la malheureuse jeune femme :

"Puis-je demander, est-ce votre premier dîner depuis votre retour?"

" Oh non ! nous sommes en ville depuis quelques semaines. "

"En effet ? J'aurais vraiment dû penser, maintenant, que c'était ton premier dîner."

"Tu devrais le faire ? Je ne peux pas imaginer pourquoi."

"Comme c'est très étrange, quand la raison est aussi simple que possible ! Eh bien, je vous ai remarqué tout le temps du dîner, mangeant et buvant ce que vous aimiez, sans regarder votre mari pour obtenir des ordres. Je n'ai rien vu de rebelle sur votre visage lorsque vous mangez tout cela. de belles choses sucrées au dessert. Chérie ! tu ne comprends pas ? Veux -tu vraiment dire que ton mari n'a pas encore commencé ? tu ne vas pas avoir une autre nuit de sommeil interrompue, parce que tu choisis toujours de te rendre malade avec des crèmes farcies et des bonbons, et tout ce genre de choses ? Non!!! Pitié, quel drôle d'homme il doit être ! Peut-être attend-il de rentrer chez lui ? avoir chacun de vos verres remplis de vin, puis n'en toucher aucune goutte, mais demander de l'eau froide, au coude même du maître de la maison, s'il dit : « Maudite perversité et manque de tact ? " Une fois, *je* sais qu'il le dit une douzaine de fois. Et quant à marcher sur votre robe dans le hall, puis à vous intimider devant le domestique, pour ne pas l'écarter de son chemin, c'est une chose trop courante pour être mentionnée... n'est-ce pas ? Avez-vous particulièrement remarqué M. Tincklepaw ? Ah, vous l'avez trouvé, et vous avez trouvé qu'il avait l'air de bonne humeur ? Non ! . S'il vous plaît, prenez congé de tout bon sens et de toute expérience, et priez de vous fier aux apparences, sans penser à leur invariable tromperie, pour une fois, ma chère, faites- *moi plaisir* .

Je pourrais remplir des pages avec des exemples similaires des manières et de la conversation de cette intolérable Lady-Bore. Je pourrais ajouter d'autres personnages tout aussi agaçants, à son caractère et à celui de Miss Sticker, sans étendre mes recherches d'un pouce au-delà du cercle de mes propres connaissances. Mais je suis fidèle à ma résolution peu féminine d'écrire aussi brièvement que si j'étais un homme ; et je sens que j'en ai déjà dit assez pour montrer que je peux prouver mon cas. Lorsqu'une femme comme moi peut produire, sans la moindre hésitation ni la moindre difficulté, deux exemples de Lady-Bores comme ceux que je viens d'exposer, le nombre supplémentaire qu'elle pourrait tirer de sa liste, après un peu de mûre réflexion, peut être logiquement déduit par tous les lecteurs impartiaux.

En attendant, permettez-moi d'espérer avoir suffisamment bien réussi dans mon objectif actuel pour inciter notre prochain grand satiriste à faire une pause avant de s'attaquer lui aussi à ses semblables inoffensifs, et à lui faire tourner son regard flétri vers notre sexe. . Que tous les jeunes messieurs émergents qui se creusent la tête à la recherche de l'originalité prennent en compte l'astuce opportune que je leur ai donnée dans ces pages. Ayons une nouvelle littérature fictive, dans laquelle non seulement les ennuyeux seront des femmes, mais aussi les méchants. Regardez Shakespeare – faites, priez, regardez Shakespeare. Qui est le plus fautif dans cette affaire choquante du meurtre du roi Duncan ? Lady Macbeth, bien sûr ! Regardez le roi Lear, avec une petite famille de trois filles seulement, et deux des trois misérables ; et même le troisième est une fille agaçante, qui ne peut généralement pas être polie envers son propre père dans le premier acte, par pure contradiction, parce que ses sœurs aînées se sont montrées polies avant elle. Regardez Desdémone, qui tombe amoureuse d'un horrible étranger cuivré , puis,

comme un imbécile, au lieu de le gérer, l'exaspère jusqu'à l'étouffer. Ah !
Shakespeare était un grand homme, il connaissait notre sexe et n'avait pas
peur de montrer qu'il le connaissait. Quelle bénédiction ce serait si certains
de ses frères littéraires, à l'époque moderne, pouvaient trouver assez de
courage pour suivre son exemple !

J'ai cinquante choses différentes à dire, mais je me résoudrai en n'en
mentionnant qu'une seule. Si cela pouvait contribuer à faire progresser la
réforme littéraire que je préconise, en faisant présent des personnages de
Miss Sticker et de Mme Tincklepaw aux écrivains modernes de fiction, je
serai ravi d'abandonner tout droit de propriété sur ces deux odieux. femmes.
En même temps, je crois qu'il est juste d'expliquer que lorsque je parle
d'écrivains modernes, je parle uniquement des gentlemen-writers. Je ne veux
rien dire d'incivil aux dames qui composent des livres, dont les effusions
peuvent, par la règle des contraires, être extrêmement agréables aux lecteurs
masculins ; mais je leur défends positivement de mettre la main sur mes deux
personnages. Je suis charmé d'être utile aux hommes, au point de vue
littéraire, mais je refuse tout à fait de me mêler aux femmes. Il ne faut pas
craindre de les offenser en publiant cette expression franche de mes
intentions. Comptez-y, ils déclareront tous, de leur côté, qu'ils préféreraient
de loin n'avoir rien à voir avec *moi* .

COINS ET COINS DE L'HISTOIRE.

II.
LA GRANDE INVASION (OUBLIÉE).

PRÉAMBULE.

Cela s'est produit il y a une soixantaine d'années ; c'était une invasion française ; et cela s'est effectivement produit en Angleterre. Des milliers de personnes vivent actuellement et devraient s'en souvenir parfaitement. Et pourtant, il a été oublié. En ces temps où l'invasion française qui *pourrait* survenir apparaît perpétuellement, en public et en privé, comme un sujet de discussion, l'invasion française qui *a* eu lieu n'est pas honorée d'un simple mot d'avertissement. La nouvelle génération n'en sait rien. L'ancienne génération l'a négligemment oublié. C'est déshonorant et il faut y remédier ; c'est une sécurité dangereuse, et il faut la troubler ; c'est une lacune dans l'histoire moderne de l'Angleterre, et elle doit être comblée.

Pères et mères, lisez et rappelez-vous ; Jeunes et jeunes filles britanniques, lisez et soyez informés. Voici la véritable histoire de la grande invasion oubliée de l'Angleterre, à la fin du siècle dernier ; divisé en scènes et périodes, et soigneusement dérivé de faits prouvés et écrits enregistrés dans l'Histoire des guerres de Kelly :

I. DE L'INVASION FRANÇAISE VUE D'ILFRACOMBE.

Le vingt-deuxième jour de février de l'an mil sept cent quatre-vingt-dix-sept, les habitants du North Devonshire regardèrent vers le canal de Bristol et virent approcher l'invasion française, à bord de quatre navires.

Le Directoire de la République française menaçait ces îles depuis quelque temps déjà ; mais beaucoup de paroles et peu d'action ayant caractérisé les travaux de cet organisme directeur dans la plupart des autres questions, aucune grande appréhension n'a été ressentie quant à la mise en œuvre réelle de son intention exprimée à l'égard de ce pays. La guerre entre les deux nations se limitait alors à des opérations navales, dans lesquelles les Anglais prenaient invariablement le dessus sur les Français. Le North Devonshire (ainsi que le reste de l'Angleterre) en était conscient et faisait implicitement confiance à notre suprématie sur les mers. Le North Devonshire se leva le matin du 22 février, sans penser à l'invasion ; Le North Devonshire regardait vers le canal de Bristol et là, malgré notre suprématie sur les mers, l'invasion était aussi grande que la vie.

Des quatre navires que le Directoire avait envoyés pour conquérir l'Angleterre, deux étaient des frégates et deux des vaisseaux plus petits. Cette

flotte formidable naviguait devant toute une côte affolée et sans défense ; et
l'endroit où il semblait enclin à tenter l'expérience envahissante en premier
était Ilfracombe. Le commandant de l'expédition a amené ses navires devant
le port , a sabordé quelques navires côtiers, s'est préparé à détruire le reste, a
réfléchi et a soudainement tourné ses quatre poupes guerrières sur le North
Devonshire, de la manière la plus inexplicable. L'histoire reste muette quant
à la cause de ce changement d'objectif soudain et singulier. Le chef des
envahisseurs a-t-il agi par pure indécision ? Se méfiait-il de l'hébergement à
l'hôtel à Ilfracombe ? Avait-il entendu parler de la crème caillée du
Devonshire, et redoutait-il la désorganisation bilieuse de toute l'armée, si elle
se trouvait une fois à la portée de cette délicieuse friandise ? Ce sont des
questions importantes, mais aucune réponse satisfaisante ne peut y être
trouvée. Les motifs qui animèrent le commandant des envahisseurs français
sont enterrés dans l'oubli : le fait seul demeure qu'il a épargné Ilfracombe. La
dernière fois qu'on l'a vu depuis le North Devonshire, il naviguait
impitoyablement vers la côte dévouée du Pays de Galles.

II. DE L'INVASION FRANÇAISE VUE PAR LES GALLOIS EN GÉNÉRAL.

À un certain égard, on peut dire que le Pays de Galles était favorisé par
rapport au North Devonshire. Le grand fait de l'invasion française avait
éclaté tout d'un coup sur Ilfracombe ; mais cela ne se fit que progressivement
sur la côte du Pembrokeshire . Au cours de sa croisière à travers le canal de
Bristol, le commandant de l'expédition avait apparemment pensé qu'une
petite tromperie diplomatique, au début, pourrait s'avérer pour lui un ultime
avantage. Il décida donc de cacher son véritable caractère aux yeux des
Gallois ; et lorsque ses quatre navires furent aperçus pour la première fois,
depuis les hauteurs au-dessus de la baie de Sainte Bride, ils naviguaient tous
sous les couleurs britanniques .

Il y a des hommes au Pays de Galles, comme dans le reste du monde, qu'il
est impossible de satisfaire ; et il y avait des spectateurs sur les hauteurs de
Saint Bride's qui n'étaient pas satisfaits des couleurs britanniques , à cette
occasion, parce qu'ils doutaient des navires qui les portaient. Aux yeux de ces
sceptiques, les quatre navires avaient une apparence désagréablement
française et manœuvraient d'une manière désagréablement française. Les
sages Gallois de la côte se rassemblèrent par deux ou trois, s'assirent sur les
hauteurs, regardèrent la mer, secouaient la tête et soupçonnaient. Mais la
majorité, comme d'habitude, ne voyait rien d'extraordinaire là où rien
d'extraordinaire ne semblait être prévu ; et le pays n'était pas encore alarmé ;
et les quatre navires naviguèrent jusqu'à doubler la tête de Saint David ; et
nous repartirent, quelques milles vers le nord ; puis s'est arrêté et est arrivé à
une seule ancre dans la baie de Cardigan.

Ici encore se pose une autre question difficile, que l'Histoire récalcitrante refuse une fois de plus de résoudre. A peine avait-on vu les Français jeter leurs seules ancres dans la baie de Cardigan, qu'on les vit également les remonter et continuer leur route. Pourquoi? Le commandant de l'expédition avait déjà douté à Ilfracombe ; doutait-il encore à Cardigan Bay ? Ou avait-il simplement besoin de temps pour mûrir ses projets ? et était-ce une particularité de sa nature qu'il exigeait toujours de venir jeter l'ancre avant de pouvoir penser à son aise ? À ce mystère, comme à celui d'Ilfracombe, il n'y a pas de solution ; et ici comme là-bas, on ne sait avec certitude que le Français s'est arrêté, a menacé, puis a continué son chemin.

III. D'UN GALLOIS EN PARTICULIER ET DE CE QU'IL A VU.

Il était le seul homme en Grande-Bretagne à avoir vu l'armée d'invasion débarquer sur nos côtes natales – et son nom a péri.

On sait qu'il était Gallois et qu'il appartenait à l'ordre inférieur de la population. Il est peut-être encore en vie – cet homme, qui est lié à une crise de l'histoire anglaise, est peut-être encore en vie – et personne ne l'a découvert ; personne n'a pris sa photo ; personne n'a écrit une notice biographique géniale à son sujet ; personne n'en a fait un divertissement ; personne n'a fait de commémoration à son encontre ; personne ne lui a présenté un témoignage, ne l'a soulagé par une souscription, ni ne lui a adressé un discours. En ces temps éclairés, ce bref récit ne peut que le distinguer et le distinguer individuellement, en tant que héros de l'invasion. Telle est la renommée.

Le héros de l'invasion était donc debout ou assis, car même sur ce point important la tradition est muette, sur les falaises de la côte galloise, près de l'église de Lanonda , lorsqu'il vit les quatre navires entrer dans la baie au-dessous de lui et venir. au mouillage, cette fois, sans montrer à nouveau aucun symptôme de sous- poids . Les couleurs anglaises , sous lesquelles l'expédition avait tenté jusqu'ici de tromper la population de la côte, furent maintenant abaissées, et le drapeau menaçant de la France fut hardiment hissé à leur place. Ceci fait, les bateaux furent descendus, remplis d'une troupe féroce, et dirigés droit vers la plage.

Il est consigné que le Héros de l'Invasion a clairement vu cela ; et il *n'est pas* consigné qu'il s'est enfui. Honneur aux courageux inconnus ! Honneur au Gallois solitaire qui affronta l'armée française !

Les bateaux arrivèrent droit à la plage ; les féroces soldats sautèrent sur le sol anglais et escaladèrent la falaise, assoiffés de la subjugation des îles britanniques. Le héros de l'invasion, regardant solitaire sur les falaises, vit les Français ramper au-dessous de lui, lançant leurs mousquets devant eux, grimpant avec le calcul froid d'une armée de ramoneurs, agiles comme le singe, souples comme le tigre, furtif comme le chat – avide de pillage, d'effusion de sang et de mouton gallois – dénué de tout respect pour la Constitution britannique – une armée d'envahisseurs sur le pays de l'Habeas Corpus !

Le Gallois l'a vu et a disparu. Soit il attendit, le poing fermé, que la tête du premier Français se dresse parallèlement au flanc de la falaise, soit qu'il parvienne à un long départ, en laissant l'armée grimper à mi-hauteur de la falaise, puis en se retirant vers l'intérieur des terres pour donner l'alarme : est, comme toute autre circonstance en rapport avec le héros de l'invasion, une question du plus profond doute. On sait seulement qu'il s'est enfui, car on *ne sait pas* s'il a été fait prisonnier. Il se sépare ici de nous, ombre d'ombre, la plus impalpable des apparitions historiques. Honneur néanmoins aux courageux rusés ! Honneur au Gallois solitaire qui a affronté l'armée française sans être fusillé, et qui s'est retiré de l'armée française sans se faire prendre !

IV. DE CE QUE LES ENVAHISSEURS ONT FAIT UNE FOIS ARRIVÉS À TERRE.

L'Art de l'Invasion a sa routine, ses lois, ses mœurs et ses coutumes, comme les autres Arts. Et l'armée française a agi en stricte conformité avec les précédents établis. La première chose que firent les premiers hommes, lorsqu'ils arrivèrent au sommet de la falaise, fut d'allumer une lumière et de mettre le feu aux ajoncs. Tandis que le sentiment national déplore cette destruction de propriété, l'Histoire, sans préjugés, la regarde à son aise. Étant donné l'invasion comme cause, le feu suit, selon toutes les règles connues, comme effet. Si une armée d'Anglais avait envahi la France dans des circonstances semblables, eux, de leur côté, auraient nécessairement commencé par mettre le feu à quelque chose ; et l'Histoire sans préjugés eût, dans ce cas aussi, regardé à son aise.

Pendant que les ajoncs flambaient, le reste des envahisseurs, assurés par la vue des flammes et du succès de leurs compagnons jusqu'ici, débarquaient et envahissaient les rochers. Lorsqu'elle fut enfin rassemblée au sommet de la falaise, l'armée s'élevait à quatorze cents hommes. C'était là toute la force que le Directoire de la République française avait cru désirable d'envoyer pour asservir la Grande-Bretagne. L'histoire, jusqu'à ce qu'elle soit certaine des résultats, ne se prononcera pas sur la sagesse de cette démarche. Elle sait que rien en politique n'est abstraitement téméraire, cruel, traître ou honteux - elle sait que le succès est la seule pierre de touche du mérite - elle sait que l'homme qui échoue est méprisable et que l'homme qui réussit est illustre, sans aucune référence. aux moyens utilisés dans les deux cas ; au caractère des hommes; ou à la nature des motifs pour lesquels ils ont pu agir. Si l'invasion réussit, l'Histoire l'applaudira comme un acte d'héroïsme ; si elle échoue, l'Histoire la condamnera comme un acte de folie.

On a dit que l'invasion avait commencé de manière honorable, selon les règles établies dans tous les cas de conquête. Elle continua à suivre ces règles avec la régularité la plus louable. Après avoir commencé par mettre le feu à quelque chose, il a continué, le moment venu, à accomplir les autres premiers objectifs de toutes les invasions, le vol et le meurtre, accomplissant une grande partie du premier et peu du second. Deux Gallois téméraires, qui persistèrent à défendre leurs poireaux indigènes, souffrirent en conséquence : les autres ne perdirent que leurs victuailles nationales et leur flanelle nationale. En ce premier jour de l'invasion, alors que l'armée avait fait des maraudes, les résultats des deux côtés peuvent se résumer ainsi. Gains pour les Français : bons dîners et protection contre la peau. Perte pour les Anglais : du mouton, de la grosse flanelle galloise et deux compatriotes téméraires.

V. DE LA DÉFENSE BRITANNIQUE ET DE LA MANIÈRE DONT LES FEMMES Y ONT CONTRIBUÉ.

L'apparition des Français sur la côte et la perte contre les Anglais, mentionnée ci-dessus, produisirent naturellement les résultats attendus. Le pays s'est alarmé et a commencé à se défendre.

Dès que le nombre des envahisseurs fut connu et qu'on découvrit que, bien qu'ils fussent dépourvus de pièces de campagne, ils avaient avec eux soixante-dix charrettes de poudre et de balles et une quantité de grenades, les principaux hommes du pays s'agitèrent. eux-mêmes dans la mise en place de la défense . Avant la nuit, tous les hommes disponibles connaissant un tant soit peu l'art du combat furent rassemblés. Lorsque les rangs furent étirés, la défense anglaise était encore plus ridicule en nombre que l'attaque française. Cela s'élevait, à une époque où nous étions en guerre avec la France et où nous étions censés être préparés à tous les dangers qui pourraient menacer - cela s'élevait, y compris les milices, les fencibles et la cavalerie yeomanry, à seulement six cent soixante hommes, ou, en en d'autres termes, à moins de la moitié du nombre des envahisseurs français.

Heureusement pour le crédit de la nation, le commandement de cette force extrêmement compacte fut pris par le principal grand du quartier . Il s'est avéré être un homme d'une grande ruse, ainsi qu'un homme de haut rang ; et il était connu sous le nom et le titre de comte de Cawdor.

La seule circonstance réjouissante en rapport avec la lourde responsabilité qui reposait désormais sur les épaules du comte consistait en ceci : qu'il n'avait apparemment aucune raison de redouter une trahison intérieure ainsi qu'une invasion étrangère. L'endroit remarquablement incommode que les Français avaient choisi pour leur débarquement montrait non seulement qu'ils ne connaissaient rien de la côte, mais qu'aucun des habitants, qui auraient pu les conduire vers un lieu de débarquement plus facile, n'était au courant de leur projet. . Jusqu'ici, tout va bien. Mais la grande difficulté restait encore d'affronter les Français avec une égalité de nombre et avec l'apparence, au moins, d'une égalité de discipline. Il était facile de remplir la première de ces conditions. Il y avait une foule de charbonniers et d'autres ouvriers dans le quartier , des gars assez grands, audacieux et vigoureux ; mais en ce qui concerne l'art de marcher et d'utiliser les armes, aussi impuissant qu'une meute d'enfants. La question était de savoir comment faire bon usage de ces hommes à des fins de spectacle, sans leur permettre de gêner fatalement les démarches de leurs compagnons entraînés et disciplinés. Dans cette urgence, Lord Cawdor a eu une grande idée. Il mêla hardiment les femmes à l'entreprise, et il est inutile d'ajouter que l'entreprise commença à prospérer à partir de ce moment heureux.

À cette époque, les épouses des ouvriers gallois portaient ce que portent depuis lors les épouses de toutes les classes de la communauté : des jupons rouges. C'était l'heureuse idée de Lord Cawdor de faire appel à ces matrones patriotes pour régler la question des jupes ; renoncer à la considération luxueuse de la chaleur; et transformer les charbonniers en militaires (en ce qui concerne les apparences extérieures, vues de loin), en enlevant les jupons rouges des épouses et en les mettant sur les épaules des maris. Lorsqu'il s'agit de matrones patriotes, aucun appel national n'est lancé en vain, aucun sacrifice personnel n'est refusé. Toutes les femmes saisirent leurs ficelles et ôtèrent sur-le-champ leurs jupons. Quel homme dans cette armée de fortune ne devrait penser qu'à « son foyer et sa beauté », maintenant qu'il avait le plus tendre souvenir des deux pour orner ses épaules et rafraîchir sa mémoire ? En un laps de temps inconcevable, chaque femme frissonnait et chaque charbonnier devenait soldat.

VI. DE LA FAÇON DONT TOUT S'EST TERMINÉ.

Ainsi recruté, Lord Cawdor se rendit sur les lieux de l'action ; et les femmes patriotes, privées de leurs maris et de leurs jupons, se retirèrent, il faut l'espérer et le présumer, dans l'abri amical du lit. La nuit tombait alors, voire la nuit ; et la marche désordonnée des charbonniers transformés ne pouvait pas être perçue. Mais, lorsque l'armée britannique prit position, c'est alors que l'excellent stratagème de Lord Cawdor prit toute sa valeur. A la lueur incertaine des feux et des torches, les éclaireurs français, même s'ils s'approchaient autant qu'ils le pouvaient, ne purent rien voir de détail. Un homme en jupon écarlate ressemblait aussi à un soldat qu'un homme en manteau écarlate, dans ces circonstances sombres. L'ennemi ne voit plus que des rangées d'hommes en rouge, le fameux uniforme de l'armée anglaise.

Le conseil des braves français dut être une assemblée troublée dans cette nuit mémorable. Derrière eux, c'était la baie vide, car les quatre navires, après avoir débarqué les envahisseurs, étaient repartis pour la France, sublimement indifférents au sort des quatorze cents. Devant eux, attendait en bataille une force apparemment formidable de soldats britanniques. Sous eux se trouvait le terrain anglais hostile sur lequel ils étaient des intrus pris en flagrant délit. Entouré de ces graves périls, le discret commandant de l'invasion s'appuya sur ces garanties de prudence et de délibération dont il avait déjà donné des preuves en approchant des côtes anglaises. Il avait douté à Ilfracombe ; il avait encore douté à Cardigan Bay ; et maintenant, à la veille de la première bataille, il doutait pour la troisième fois, doutait et cédait. Si l'Histoire refuse de recevoir le commandant français comme un héros, la Philosophie lui ouvre ses portes paisibles et l'accueille sous le caractère d'un héros. d'un homme sage.

A dix heures du soir, un drapeau de trêve apparut dans le camp anglais, et une lettre fut remise à Lord Cawdor du prudent chef des envahisseurs. La lettre expliquait, avec une gravité et une dignité étonnantes, que les circonstances dans lesquelles les troupes françaises avaient débarqué, ayant rendu « inutile » toute tentative d'opérations militaires, le commandant ne s'était pas opposé à se manifester généreusement et à proposer des conditions de capitulation. Un tel message était peu susceptible d'être imposé à qui que ce soit, et encore moins au noble astucieux qui avait inventé le stratagème des jupons rouges. Prenant un point de vue légèrement différent des circonstances, et refusant tout à fait de croire que le Directoire français ait envoyé mille quatre cents hommes en Angleterre pour divertir les habitants par le spectacle d'une capitulation, Lord Cawdor revint pour répondre qu'il ne se sentait pas libre de le faire. traiter avec le commandant français, sauf à la condition que ses hommes se rendent comme prisonniers de guerre. En recevant cette réponse, le Français donna une preuve supplémentaire de cette tournure d'esprit philosophique qu'on a déjà réclamée pour lui comme un de ses mérites, en adoptant poliment la voie suggérée par Lord Cawdor. Le lendemain, à midi, les troupes françaises étaient toutes parties, prisonnières de guerre — les matrones patriotes avaient repris leurs jupons — et la courte terreur de l'invasion était heureusement passée.

La première question qui vint à l'esprit de tous, une fois l'alarme dissipée, fut de savoir ce que pouvait bien signifier cette extraordinaire burlesque d'invasion. On affirmait, dans certains milieux, que les mille quatre cents Français avaient été recrutés parmi ces insurgés de La Vendée qui s'étaient enrôlés au service de la République, auxquels on ne pouvait pas faire confiance chez eux, et qui étaient donc envoyés au premier service désespéré. qui pourrait s'offrir à l'étranger. D'autres représentaient l'armée d'invasion comme une simple bande de galériens et de criminels en général, débarqués sur nos côtes dans le double but d'ennuyer l'Angleterre et de débarrasser la France d'une bande de coquins. Le commandant de l'expédition, cependant, a écarté cette dernière théorie en déclarant que six cents de ses hommes étaient des vétérans choisis dans l'armée française, et en se référant, pour corroborer cette déclaration, à ses grandes réserves de poudre, de balle et d'armes à main. -des grenades, qui n'auraient certainement pas été gaspillées, à une époque où les provisions militaires étaient particulièrement précieuses, sur une bande de galériens.

La vérité semble être que les Français (qui étaient encore plus ignorants de l'Angleterre et des institutions anglaises à cette époque qu'ils ne le sont aujourd'hui) avaient été si complètement trompés par de faux rapports sur l'humeur et les sentiments de notre peuple, qu'ils croyaient que la simple apparition des troupes de la République sur ces rivages monarchiques serait le signal d' un soulèvement révolutionnaire de toutes les classes mécontentes d'un bout à l'autre de la Grande-Bretagne. Considérés comme de simples matériaux pour allumer l'étincelle insurrectionnelle, les quatorze cents Français pourraient certainement être considérés comme suffisants à cet effet, à condition que le Directoire de la République ait pu seulement s'assurer au préalable que l'on pourrait compter sur l'amadou anglais pour éclairer !

Un dernier événement doit être enregistré avant que cet Historique puisse être considéré comme terminé. Aux désastres de l'armée d'invasion, sur terre, correspondaient, en mer, les désastres des navires qui les avaient transportés. Des quatre navires qui avaient alarmé la côte anglaise, les deux plus gros (les frégates) furent tous deux capturés, alors qu'ils remplaçaient le port de Brest , par Sir Harry Neale. Cette correction intelligente et définitive de la petite invasion française agitée fut administrée le 9 mars mil sept cent quatre-vingt-dix-sept.

MORALE.

C'est l'histoire de la Grande Invasion (oubliée). C'est court, ce n'est pas impressionnant, cela manque incontestablement d'intérêt sérieux. Mais il y a quand même une morale à en tirer. Si nous sommes envahis à nouveau, et sur une échelle un peu plus grande, ne soyons pas si mal préparés, cette prochaine fois, au point d'être obligés de nous réfugier dans les jupons rouges de nos femmes.

CURIOSITÉS DE LA LITTERATURE.—I.
LE PUBLIC INCONNU.

Les clients des maisons d'édition, les membres des clubs de lecture et des bibliothèques circulantes, ainsi que les acheteurs et emprunteurs de journaux et de revues, constituent-ils ensemble la grande majorité des lecteurs d'Angleterre ? Il fut un temps où, si quelqu'un m'avait posé cette question, j'aurais certainement dû répondre oui.

Je sais mieux maintenant. Loin de constituer la masse des lecteurs anglophones, le public que nous venons de mentionner ne représente qu'une minorité.

Cette découverte surprenante m'est venue progressivement. J'en ai fait mes premières approches, en me promenant dans Londres, plus particulièrement dans les quartiers de second et de troisième ordre . Alors, chaque fois que je passais devant une petite papeterie ou un petit bureau de tabac, je prenais machinalement conscience de certaines publications qui occupaient invariablement les vitrines. Ces publications semblaient toutes être du même petit format in-quarto ; ils semblaient consister simplement en quelques pages non reliées ; chacun d'eux avait une image sur la moitié supérieure de la feuille avant et une quantité de petits caractères sur la partie inférieure. J'en ai remarqué autant, depuis un certain temps, et pas plus. Aucun des messieurs qui prétendent guider mon goût en matière littéraire n'avait jamais dirigé mon attention vers ces mystérieuses publications. Ma Revue préférée est, comme je le crois fermement, à ce jour même, inconsciente de leur existence. Mon bibliothécaire entreprenant, qui impose à mon attention toutes sortes de livres que je n'ai pas envie de lire, parce qu'il en a acheté des éditions entières à bon marché, ne m'a jamais encore essayé avec le in-quarto molle et non relié des petites boutiques. . Jour après jour, semaine après semaine, les mystérieuses publications hantaient mes promenades, où je pouvais ; et pourtant j'étais trop négligent pour m'arrêter et les remarquer en détail. J'ai quitté Londres et voyagé en Angleterre. Les publications négligées m'ont suivi. Il y en avait dans chaque ville, grande ou petite. Je les ai vus dans les marchands de fruits, dans les marchands d'huîtres, dans les marchands de cigares, dans les marchands de pastilles. Même les villages, pittoresques et odorants, n'en étaient pas exempts. Partout où l'audace spéculative d'un homme pouvait ouvrir une boutique, et que les appétits humains et les nécessités de ses semblables mortels pouvaient l'empêcher de fermer à nouveau - là, à ce qu'il me semblait, le quarto d'images non relié entrait instantanément, s'installait. de manière importune à la fenêtre et a insisté pour être regardé par tout le monde. "Achetez-moi, empruntez-moi, regardez-moi, volez-moi. Oh, étranger inattentif, faites tout sauf passer à côté de moi !"

Sous cette sorte de contrainte, je ne tardai pas à m'arrêter aux vitrines des magasins et à regarder attentivement ces spécimens omniprésents de ce qui était pour moi une nouvelle espèce de production littéraire. J'ai fait la connaissance de l'un d'eux dans les déserts de l'ouest des Cornouailles ; avec un autre dans une artère peuplée de Whitechapel ; avec un troisième dans une morne petite ville perdue au nord de l'Écosse. Je suis allé dans un charmant comté du sud du Pays de Galles ; le modeste chemin de fer n'y avait pas pénétré, mais l'audacieux quarto l'avait découvert. Qui pourrait résister à cet appel perpétuel, inévitable, magnifiquement illimité, à l'attention et au patronage ? En regardant les vitrines des magasins, j'ai commencé à entrer dans les magasins eux-mêmes, à acheter des spécimens de cette volée de criquets de petites publications, à les examiner attentivement, de la première page à la dernière, et enfin à instituer des enquêtes à leur sujet dans toutes sortes de milieux bien informés. Le résultat a été la découverte d'un public inconnu ; un public qui se compte par millions ; le mystérieux, l'insondable, le public universel des penny-novel-Journals. [2]

J'ai maintenant devant moi cinq de ces journaux, représentés par un exemplaire de chacun, acheté au hasard. Il y en a bien d'autres ; mais ces cinq représentent les membres prospères et bien établis de la famille littéraire. L'aîné d'entre eux est un gros garçon d'une quinzaine d'années. Le plus jeune est un bébé de trois mois. Tous les cinq sont vendus au même prix d'un centime ; tous les cinq sont publiés régulièrement une fois par semaine ; tous les cinq contiennent à peu près la même quantité de matière. Le tirage hebdomadaire du plus réussi des cinq est désormais annoncé publiquement (et, comme je l'ai appris, sans exagération) à un demi-million. En prenant les quatre autres comme atteignant au total un tirage d'un demi-million supplémentaire (ce qui est probablement bien en deçà de la bonne estimation), nous avons une vente d'un million par semaine pour des journaux à cinq penny. En ne comptant que trois lecteurs pour chaque exemplaire vendu, on obtient *un public de trois millions* , public inconnu du monde littéraire ; inconnu, en tant que disciples, de l'ensemble des critiques déclarés ; inconnus, comme clients, dans les grandes bibliothèques et les grandes maisons d'édition ; inconnu, en tant que public, des écrivains anglais distingués de notre époque. Un public de trois millions de lecteurs, qui sort tout droit du cadre de la civilisation littéraire , est un phénomène qui mérite d'être examiné – un mystère que l'homme le plus avisé d'entre nous ne trouvera peut-être pas facile de résoudre.

D'abord, qui sont ces trois millions, le Public Inconnu, comme j'ai osé les appeler ?

Le public de lecture connu – la minorité déjà mentionnée – est facile à découvrir et à classer. Il y a le public religieux, avec des libraires et une littérature propre, qui comprend des critiques et des journaux ainsi que des livres. Il y a le public qui lit pour s'informer et se consacre aux histoires, biographies, essais, traités, voyages et voyages. Il y a le public qui lit pour s'amuser et fréquente les bibliothèques circulantes et les étals de livres des chemins de fer. Il y a enfin le public qui ne lit que les journaux. Nous savons tous où mettre la main sur les personnes qui représentent ces différentes classes. Nous voyons les livres qu'ils aiment sur leurs tables. Nous les rencontrons au dîner et les entendons parler de leurs auteurs préférés . Nous connaissons, si nous sommes un tant soit peu familiers avec les questions littéraires, même les quartiers mêmes de Londres dans lesquels vivent certaines classes de personnes sur lesquelles on peut compter d'avance comme lecteurs choisis pour certains types de livres. Mais que savons-nous de l'énorme majorité des hors-la-loi – des tribus littéraires perdues – des prodigieux, des trois millions écrasants ? Absolument rien.

Moi-même, et je le dis à mon grand regret, j'ai un très grand cercle de connaissances. Depuis que j'ai entrepris l'intéressante tâche d'explorer le public inconnu, j'ai essayé de découvrir parmi mes chers amis et mes ennemis acharnés (tous deux sur ma liste de visites), un abonné à un journal de romans à un sou - et je n'ai jamais mais il a réussi sa tentative. J'ai entendu des théories émises sur l'existence probable de journaux à sous dans les commodes de cuisine, dans les arrière- salons des magasins Easy Shaving, dans l'isolement graisseux des boîtes des petites Chop Houses. Mais je n'ai encore jamais rencontré d'homme, de femme ou d'enfant capable de répondre à la question : « Êtes-vous abonné à un journal à un sou ? clairement par l'affirmative, et qui pourrait produire le périodique en question. J'ai appris, il y a des années, à désespérer de rencontrer un jour une femme célibataire, après un certain âge, qui n'a pas reçu de proposition de mariage. J'ai abandonné depuis longtemps toute idée de découvrir un jour un homme qui a lui-même vu un fantôme, par opposition à cet autre homme inévitable qui a eu un ami intime qui en a incontestablement vu un. Ce sont deux aspirations parmi tant d'autres d'une vie gâchée auxquelles j'ai définitivement renoncé. Il me faut maintenant en ajouter une de plus au nombre de mes illusions disparues.

En l'absence donc de toute information positive sur le sujet, il n'est possible de poursuivre la présente enquête qu'en acceptant les preuves négatives qui peuvent nous aider à deviner avec plus ou moins d'exactitude la position sociale, les habitudes, les goûts. , et l'intelligence moyenne du public inconnu. En argumentant soigneusement par déduction, nous pouvons espérer, dans cette affaire, arriver à quelque chose qui ressemble à une conclusion sûre, sinon satisfaisante.

Pour commencer, on peut raisonnablement supposer – étant donné que l'essentiel de chacun des cinq journaux qui me sont présentés est composé d'histoires – que le public inconnu lit pour son amusement plus que pour son information.

A en juger par ma propre expérience, je serais enclin à ajouter que le public inconnu recherche la quantité plutôt que la qualité lorsqu'il dépense son sou par semaine en littérature. En achetant mes cinq exemplaires exemplaires, dans cinq magasins différents, j'ai délibérément approché l'individu derrière le comptoir, à chaque fois, sous la forme d'un membre du Public Inconnu - disons Numéro Trois Millions Un - qui souhaitait être guidé dans disposer d'un sou entièrement sur la recommandation du commerçant lui-même. Je m'attendais, par cette démarche, à entendre un peu de critique populaire, et à comprendre quelles pouvaient être les conditions du succès, dans une branche de la littérature qui était toute nouvelle pour moi. De toute façon, aucun résultat de ce genre n'a récompensé mes efforts. Le dialogue entre acheteur et vendeur prenait toujours une tournure pratique comme celle-ci :

Lecteur, numéro trois millions et un. — "Je veux prendre un des penny journaux. Lequel recommandez-vous ?"

Éditeur entreprenant. — "Certains en aiment un, et certains en aiment un autre. Ce sont tous de bons Pennnorths . Vous avez vu celui-ci ?"

"Oui."

"Tu as vu celui-là ?"

"Non."

"Regarde quel pennorth !"

"Oui, mais à propos des histoires de celle-ci ? Sont-elles aussi bonnes, maintenant, que les histoires de celle-là ?"

"Eh bien, vous voyez, certains en aiment un, et d'autres en aiment un autre. Parfois, j'en vends plus d'un, et parfois j'en vends plus d'un autre. Prenez- les toute l'année, et il n'y a pas d'épingle, à ma connaissance. , pour choisir entre eux . Il y en a à peu près autant dans l'un que dans l'autre. Tous les bons pennorths . Bénissez votre âme, prenez- les et cherchez par vous-même !

Je ne suis jamais allé plus loin, malgré tous mes efforts. Et pourtant, j'ai trouvé les commerçants, hommes et femmes, suffisamment disposés à discuter d'autres sujets. À chaque fois, loin de recevoir des indications pratiques indiquant que j'interrompais les affaires, je me trouvais socialement retardé dans le magasin, après avoir effectué mon achat, comme si j'avais été une vieille connaissance. J'ai reçu toutes sortes d'informations curieuses sur toutes sortes de sujets, à l'exception du bon pennor imprimé dans ma poche.

Le lecteur connaît-il les faits singuliers en rapport avec Everton Toffey ? C'est comme l'Eau de Cologne. Il n'existe qu'un seul véritable reçu pour le fabriquer dans le monde. Il s'agit d'un héritage familial datant de la plus haute antiquité. Vous pouvez aller ici, là et partout et acheter ce que vous pensez être Everton Toffey (ou Eau de Cologne) ; mais il n'y a qu'un seul endroit à Londres, comme il n'y a qu'un seul endroit à Cologne, où l'on peut se procurer l'article authentique. Cette information m'a été donnée dans un magasin de penny-journal. Dans une autre, le propriétaire m'a expliqué son nouveau système de Staymaking . Il a proposé de fournir à ma femme quelque chose qui soutiendrait ses muscles et ne lui pincerait pas la chair ; et, d'ailleurs, il n'était pas homme à demander ensuite sa note, sauf dans le cas de nous donner à tous deux une parfaite satisfaction. Cet homme était si bavard et si intelligent : il pouvait me raconter tant d'autres choses que les séjours, que je tenais pour acquis qu'il pouvait me donner les renseignements dont j'avais besoin. Mais là encore j'ai été déçu. Il avait une véritable congère de journaux à un sou partout sur son comptoir ; il les récupérait par poignées et gesticulait joyeusement avec eux ; il les frappait, les tapotait et les mettait tous en tas, pour me dire que « tout serait réglé le soir » ; mais lui aussi, lorsque je l'approchai de près, ne répéta que la seule formule inévitable : « Un bon pennorth ; c'est tout ce que je puis dire ! Bénis votre âme, regardez-en un par vous-même et voyez quel c'est Pennnorth !"

Ayant, par déduction, arrivé aux deux conclusions que le public inconnu lit pour s'amuser et qu'il recherche la quantité dans sa lecture plutôt que la qualité, j'aurais peut-être eu du mal à aller plus loin vers la réalisation de nouvelles découvertes, mais pour l'existence d'une aide à l'enquête très remarquable, commune à tous les journaux de romans.

Les installations particulières auxquelles je fais maintenant référence sont présentées dans les réponses aux correspondants. La page qui les contient est, au-delà de toute comparaison, la page la plus intéressante des penny journaux. Il n'y a aucun sujet terrestre qu'il soit possible de discuter, aucune affaire privée qu'il soit possible de concevoir, que l'impénétrable public inconnu ne confiera au rédacteur en chef sous forme de question, et que le rédacteur ne prendra pas au sérieux et résolument à répondre. Cachés sous le couvert d'initiales, de prénoms ou de signatures conventionnelles - telles que Abonné, Lecteur constant, etc. - les correspondants de l'éditeur semblent, pour beaucoup d'entre eux, juger d'après les réponses publiées à leurs questions, totalement insensibles aux sens de l'opinion. ridicule ou honte. Des jeunes filles en proie à des perplexités qui sont habituellement censées être réservées à l'oreille d'une mère ou d'une sœur aînée, consultent l'éditeur. Femmes mariées qui ont commis de petites fragilités, consultez la rédaction. Les hommes tremblent dans la peur mortelle des actions pour rupture de promesse de mariage, consulter l'éditeur. Mesdames dont le teint est terni et qui désirent connaître les meilleurs moyens artificiels de les restaurer, consultez l'éditeur. Messieurs qui souhaitent se teindre les cheveux, et se débarrasser de leurs cors, consultez la rédaction. Une ignorance incroyablement dense, une méchanceté inconcevablement mesquine et une vanité inconcevablement complaisante, tous consultent l'éditeur, et tous, ce qui est merveilleux à raconter, obtiennent de lui des réponses sérieuses. Aucune position mortelle n'est trop difficile pour cet homme merveilleux ; il n'y a pas de changement de caractère d'arbitre général, qu'il n'est pas prêt à assumer pour l'instant. Il est tantôt père, tantôt mère, tantôt maître d'école, tantôt confesseur, tantôt médecin, tantôt avocat, tantôt confident d'une jeune femme, tantôt ami intime d'un jeune gentleman, tantôt professeur de morale, tantôt autorité en matière de cuisine.

Cependant, notre affaire actuelle ne concerne pas l'éditeur, mais ses lecteurs. Afin de connaître l'intelligence moyenne du public inconnu, de mesurer la quantité générale d'éducation qu'ils ont acquise, et de constater quelle part de goût et de délicatesse ils ont hérité de la nature, ces réponses extraordinaires aux correspondants peut assez bien être produit en détail, pour nous servir de guide. Je dois présumer que je ne les ai pas pourchassés par malveillance parmi tant d'autres ; Je me suis contenté de consulter mes cinq exemplaires de cinq journaux distincts, tous, je le répète, achetés par hasard, au moment même où ils retenaient mon attention dans les vitrines des magasins. Je n'ai pas attendu de mauvais spécimens, ni observé avec anxiété le bien : j'ai impartialement tenté ma chance. Et maintenant, avec la même impartialité, je fouille un journal après l'autre, sur la page des correspondants, exactement au moment où les cinq se trouvent par hasard sur mon bureau. Il en résulte que j'ai le plaisir de présenter à ces dames et messieurs qui pourront m'honorer de leur attention, les membres suivants du public inconnu, qui sont en état de parler sans réserve pour eux-mêmes :

Un lecteur d'un penny-roman-journal qui veut un reçu pour du pain d'épice. Un lecteur qui se plaint d'une sensation de plénitude dans la gorge. Plusieurs lecteurs qui veulent des remèdes contre les cheveux gris, contre les verrues, contre les plaies sur la tête, contre la nervosité et contre les vers. Deux lecteurs qui ont joué avec les affections de la femme et qui veulent savoir si la femme peut les poursuivre en justice pour rupture de promesse de mariage. Un lecteur qui veut savoir ce que signifient les initiales sacrées IHS et comment se débarrasser des marques de la variole. Un autre lecteur qui désire savoir ce qu'est un écuyer. Un autre qui ne sait pas comment prononcer pittoresque et acquiescement. Un autre qui demande à ce qu'on lui dise que *le clair-obscur* est un terme utilisé par les peintres. Trois lecteurs qui veulent savoir comment adoucir l'ivoire, comment divorcer et comment fabriquer du vernis noir. Un lecteur qui ne sait pas exactement ce que signifie le mot Poèmes ; pas certain que Mazeppa ait été écrit par Lord Byron ; Je ne suis pas sûr qu'il existe dans le monde des choses telles que les Vies imprimées et publiées de Napoléon Bonaparte.

Deux lecteurs affligés, bien dignes d'une place à eux seuls, qui veulent chacun un reçu pour la guérison des genoux cagneux ; et qui sont renvoyés (on l'espère par un éditeur aux jambes droites) à une réponse antérieure, adressée à d'autres malades, qui contient les informations dont ils ont besoin.

Deux lecteurs ignorant respectivement, jusqu'à ce que l'éditeur les éclaire, que l'auteur de Robinson Crusoé était Daniel Defoe, et l'auteur des Mélodies irlandaises, Thomas Moore. Un autre lecteur, un peu plus dense, qui demande à ce qu'on lui dise que les histoires de la Grèce et de Rome sont des histoires anciennes, et les histoires de France et d'Angleterre des histoires modernes.

Un lecteur qui souhaite connaître la bonne heure de la journée pour rendre visite à un couple nouvellement marié. Un lecteur qui veut un reçu pour le noircissement liquide.

Une lectrice qui exprime joliment ses sentiments sur la crinoline. Une autre lectrice qui veut savoir comment faire des crumpets. Une autre qui a reçu des cadeaux d'un monsieur avec qui elle n'est pas fiancée, et qui veut que l'éditeur lui dise si elle a raison ou tort. Deux lectrices qui ont besoin d'amants et souhaitent que l'éditeur leur en fournisse. Deux filles timides, qui ont respectivement peur d'une invasion française et des libellules.

Un Don Juan de lecteur qui veut l'adresse privée d'une certaine actrice. Un lecteur avec une noble ambition qui souhaite donner une conférence et qui veut connaître un établissement où il peut acheter des discours tout faits. Un lecteur passionné, qui veut du cirage allemand pour les bottes et les chaussures. Un lecteur endolori, à qui il est conseillé dans la rédaction d'utiliser du savon et de l'eau tiède. Un lecteur vertueux, qui écrit pour condamner les femmes mariées qui écoutent des compliments, et qui est informé par un éditeur tout aussi vertueux que ses propos sont clairement exprimés. Une lectrice coupable, qui confie ses fragilités à un éditeur moral et le choque. Une lectrice au visage pâle, qui demande si elle doit foncer sa peau. Encore une lectrice au visage pâle, qui demande si elle doit mettre du rouge. Un lecteur indécis qui demande s'il y a une incohérence à ce qu'une maîtresse de danse soit professeur dans une école du dimanche. Un lecteur timide, amoureux d'une dame depuis quatre ans et qui ne lui en a pas encore parlé. Un lecteur spéculatif qui souhaite savoir s'il peut vendre de la limonade sans permis . Un lecteur incertain, qui veut qu'on lui dise s'il ferait mieux de déclarer immédiatement ses sentiments avec franchise et honneur . Une lectrice indignée, qui insulte tous les messieurs de son quartier parce qu'ils ne font pas sortir les dames. Un lecteur scorbutique, qui veut guérir. Un lecteur boutonneux dans le même état. Un lecteur éconduit, qui écrit pour savoir quelle peut être sa meilleure vengeance, et à qui un éditeur prudent conseille de tenter l'indifférence. Un lecteur domestique qui souhaite connaître le poids d'un nouveau-né. Un lecteur curieux, qui veut savoir si le nom de la mère de David est mentionné dans les Écritures.

Voici dix sentiments éditoriaux sur les choses en général, qui sont prononcés à la demande expresse des correspondants, et qui sont donc susceptibles de nous être utiles pour nous aider à nous faire une appréciation de la condition intellectuelle du public inconnu :

1. Tous les mois sont propices au mariage, lorsque votre union est sanctifiée par l'amour.

2. Quand vous avez la triste habitude de rougir en étant présenté à une jeune personne, et que vous voulez corriger cette habitude, appelez à votre aide une confiance virile.

3. Si vous souhaitez écrire proprement, n'appliquez pas trop d'encre sur des traits occasionnels.

4. Vous ne devriez pas serrer la main d'une femme lors de votre première présentation.

5. Vous pouvez vendre une pommade sans brevet.

6. Une veuve doit décourager immédiatement et très résolument les attentions les plus légères de la part d'un homme marié.

7. Une fille téméraire et irréfléchie ne fera guère une épouse stable et réfléchie.

8. Nous ne nous opposons pas à une quantité modérée de crinoline.

9. Un homme sensé et honorable ne flirte jamais lui-même et méprise toujours les flirts de l'autre sexe.

10. Un charbonnier n'améliorera pas sa condition en allant en Prusse.

Au risque de m'ennuyer, je dois encore une fois répéter que ces extraits des Réponses aux correspondants, aussi absurdes qu'ils puissent paraître, sont présentés *exactement tels que je les trouve* . Rien n'est exagéré pour plaisanter ; rien n'est inventé, ni mal cité, pour servir l'objectif de ma propre théorie favorite. L'échantillon produit des trois millions de lecteurs à un sou parle de lui-même ; pour donner une idée des matériaux sociaux et intellectuels dont on peut raisonnablement présumer qu'une partie, au moins, du public inconnu est composée. Ayant réglé jusqu'à présent cette première partie du sujet, la seconde partie suit assez naturellement d'elle-même. Nous avons tous déjà formé une opinion sur le sujet du public lui-même : la prochaine chose à faire est de découvrir ce que lit ce public.

J'ai déjà dit que la matière première des journaux semble être constituée d'histoires. Les cinq exemplaires exemplaires des cinq publications hebdomadaires distinctes dont je dispose actuellement contiennent, au total, dix nouvelles en série ; une réimpression d'un roman célèbre (qui sera mentionné ci-après) ; et sept courts contes, dont chacun commence et se termine par un seul numéro. Les pages restantes sont remplies de contributions diverses, littéraires et artistiques, tirées de toutes les sources imaginables. Des choix de Punch et de Platon ; des gravures sur bois, représentant des personnages célèbres et des vues de lieux célèbres, qui suggèrent fortement que les blocs originaux ont connu des jours meilleurs dans d'autres périodiques ; anecdotes modernes et anciennes ; courts mémoires; des bribes de poésie ; des morceaux de choix d'informations générales; les recettes de ménage, les énigmes et les extraits d'écrivains moraux - tout apparaît de la manière la plus ordonnée, disposé sous des titres séparés et soigneusement découpé en courts paragraphes. Cependant, l'élément marquant de chaque journal est le récit en série, qui figure, dans tous les cas, comme premier article, et qui est illustré par la seule gravure sur bois qui semble avoir été expressément taillée à cet effet. Nous pouvons donc à juste titre consacrer notre plus grande attention au roman feuilleton, car il est clairement considéré comme le principal attrait de ces publications très singulières.

Deux de mes exemplaires-spécimens contenaient respectivement les premiers chapitres de nouvelles histoires. Dans le cas des trois autres, j'ai trouvé les histoires à différents stades d'avancement. La première chose qui m'a frappé, après avoir lu les portions hebdomadaires séparées des cinq, a été leur extraordinaire similitude. Chaque partie prétendait avoir été écrite (et a sans aucun doute été écrite) par un auteur différent, et pourtant les cinq parties auraient pu être produites par le même homme. Chaque partie de chaque histoire successive s'est installée tour à tour, au fur et à mesure que je la lis, au même niveau mort de la convention la plus douce et la plus plate. Une combinaison de mélodrame féroce et de doux sentiment domestique ; de courts dialogues et des paragraphes sur le modèle français, avec des réflexions morales anglaises du genre de celles qui apparaissent sur les premières lignes des cahiers pour enfants ; des incidents et des personnages tirés des vieilles mines épuisées de la bibliothèque en circulation, et présentés avec autant de complaisance et de confiance que s'il s'agissait d'idées originales ; des descriptions et des réflexions pour le début du numéro, et une « situation forte », entraînée par le cou et les épaules, pour la fin, formaient les sources littéraires communes d'où les cinq auteurs puisaient leur approvisionnement hebdomadaire ; tous le collectant par les mêmes moyens ; tous en transportant dans les mêmes quantités ; tous le déversent de la même manière devant le public attentif. Après avoir lu mes échantillons de ces histoires, j'ai compris pourquoi les fictions des écrivains régulièrement établis pour les penny journals ne sont jamais rééditées. Il n'y a, je crois honnêtement, aucun homme, femme ou enfant en Angleterre, pas un membre du public inconnu, qui pourrait être amené à les lire. La seule chose qu'il est possible d'avancer en leur faveur , c'est qu'il n'y a apparemment aucune méchanceté en eux. Il semble y avoir une intense respectabilité intérieure dans leur morosité . S'ils n'aboutissent à aucun résultat intellectuel, même le plus humble, ils peuvent avoir au moins cet avantage négatif, qu'ils ne peuvent faire aucun mal.

Si l'on m'objecte que je condamne ces nouvelles après en avoir lu seulement un numéro de chacune d'elles, je n'ai qu'à demander en retour si quelqu'un attend jamais d'avoir parcouru un roman en entier pour se prononcer sur le bien ou le mal d'un roman. il? Dans ce dernier cas, nous rejetons l'histoire avant de l'avoir terminée, et c'est là sa condamnation. Il y a suffisamment de place pour la promesse, voire pour la performance, dans n'importe quelle partie d'une véritable œuvre de fiction. Si j'avais trouvé la moindre promesse dans le style, dans les dialogues, dans la présentation des personnages, dans l'arrangement des incidents, dans l'un des cinq spécimens de fiction bon marché devant moi, dont chacun s'étendait, en moyenne, à dix colonnes en petits caractères, j'aurais volontiers passé au numéro suivant. Mais je n'ai rien découvert de tel ; et je dépose mon échantillon hebdomadaire, tout comme un éditeur, en pareille circonstance, dépose un manuscrit après avoir parcouru un certain nombre de pages, ou un lecteur, un livre.

Et ce genre d'écriture séduit un public monstre d'au moins trois millions de personnes ! Une meilleure sorte a-t-elle déjà été essayée ? Il a. L'ancien propriétaire d'un de ces journaux à un sou a chargé une personne tout à fait compétente de traduire Le Comte de Monte Christo pour son périodique. Il savait qu'il n'existait pratiquement aucune langue dans le monde civilisé dans laquelle ce spécimen consommé de l'art rare et difficile du récit n'avait pas été traduit. En France, en Angleterre, en Amérique, en Russie, en Allemagne, en Italie, en Espagne, Alexandre Dumas avait tenu en haleine des centaines de milliers de lecteurs. Le propriétaire du penny journal pensait naturellement qu'il pouvait faire autant avec le public inconnu. Curieusement, le résultat de cette expérience apparemment certaine fut un échec. La diffusion de la revue en question a sérieusement diminué à partir du moment où le premier des conteurs vivants y a contribué ! La même expérience fut tentée avec les Mystères de Paris et le Juif errant, pour aboutir au même résultat. Un autre journal à un sou a confié à Dumas la mission d'écrire une nouvelle histoire, expressément pour la traduction dans ses colonnes. La spéculation a été tentée, et une fois de plus, l'impénétrable public inconnu a retenu la main de bienvenue de l'enfant gâté de tout un monde de lecteurs de romans.

Comment faut-il en rendre compte ?

Un sens moral rigide imprègne-t-il le public inconnu d'un bout à l'autre, et les productions des romanciers français ont-elles d'emblée choqué ce sentiment ? La page contenant les Réponses aux Correspondants suffirait à elle seule à disposer de cette théorie. Mais il existe d'autres et meilleurs moyens d'arriver à la vérité, qui rendent inutile toute référence supplémentaire à la page des Correspondants. Il y a quelque temps, un éminent romancier (le seul auteur anglais vivant, ayant une position littéraire, qui avait, à cette époque, écrit pour le public inconnu) a publié son nouveau roman dans un penny journal. Aucune objection morale n'a jamais été formulée par aucun lecteur contre les ouvrages publiés par l'auteur de Il n'est jamais trop tard pour réparer ; mais même lui, à moins que j'aie été très mal informé, n'a pas réussi à produire l'impression escomptée sur les impénétrables Trois Millions. Le grand succès de son roman n'a pas été obtenu sous sa forme originale en feuilleton, mais sous sa forme rééditée, lorsqu'il s'adressait de l'inconnu au public connu. Évidemment, l'obstacle moral n'est pas celui qui a milité contre le succès d'Alexandre Dumas et d'Eugène Sue.

Qu'est-ce que c'était, alors ? C'est clair, comme je le crois. Le public inconnu, au sens littéraire, commence à peine à apprendre à lire. La plupart de ses membres, sans que ce soit de leur faute, ignorent évidemment presque tout ce qui est généralement connu et compris parmi les lecteurs que les circonstances ont placés, socialement et intellectuellement, au-dessus d'eux. Les simples références dans Monte Christo, Les Mystères de Paris et White Lies (la scène de cette dernière fiction anglaise ayant été posée sur le sol français), à des noms, titres, mœurs et coutumes étrangers, ont intrigué le public inconnu sur le seuil. Revenez sur les réponses des correspondants, puis dites, sur cinquante abonnés à un penny journal, combien sont susceptibles de savoir, par exemple, que Mademoiselle veut dire Miss ? Outre la difficulté d'attirer le public à un sou, causée au début par des obstacles aussi simples que celui-ci, il y avait une grande difficulté supplémentaire, dans le cas des trois fictions que nous venons de mentionner, d'habituer les lecteurs inexpérimentés aux délicatesses et aux subtilités de l'histoire. art littéraire. Un public immense a été découvert : la prochaine chose à faire est, au sens littéraire, d'apprendre à lire à ce public.

Une tentative, à l'honneur de l'un des penny journaux, a déjà été faite. J'ai mentionné, à un endroit, une réimpression d'un roman, et plus tard, une exception remarquable au caractère tristement banal du reste des histoires. Dans les deux cas, je fais référence à une seule et même fiction : au Kenilworth de Sir Walter Scott, qui est réimprimé comme une nouvelle expérience en série dans un journal à un sou. Voilà le grand maître de la fiction moderne qui s'adresse, à cette heure de la journée, à un nouveau public, et (étrange anomalie !) défilant en compagnie d'écrivains qui ont encore à apprendre les rudiments de leur métier ! À mon avis, un résultat semble certain. Si Kenilworth est apprécié par le public inconnu, alors les meilleurs hommes parmi les écrivains anglais vivants seront un de ces jours appelés, par nécessité, à faire leur apparition dans les pages des penny journaux.

En attendant, il n'est peut-être pas exagéré de dire que l'avenir de la fiction anglaise repose peut-être sur ce public inconnu, qui attend maintenant qu'on lui enseigne la différence entre un bon livre et un mauvais. Ce n'est probablement qu'une question de temps. Le plus grand public de littérature périodique, à l'ère des périodiques, doit obéir à la loi universelle du progrès et doit, tôt ou tard, apprendre à faire preuve de discernement. Quand cette période viendra, les lecteurs classés par millions seront ceux qui donneront la plus grande réputation, qui rendront les récompenses les plus riches, et qui, par conséquent, commanderont le service des meilleurs écrivains de leur temps. Une perspective formidable et sans précédent attend peut-être la prochaine génération de romanciers anglais. C'est aux penny journals d'aujourd'hui que revient le mérite d'avoir découvert un nouveau public. Lorsque ce public découvrira qu'il a besoin d'un grand écrivain, le grand écrivain aura un public tel qu'on n'en a jamais connu jusqu'à présent. [3]

GRIEFS SOCIAUX.—III.
LAISSEZ-NOUS DE LA CHAMBRE !

[La demande impérative d'un père de famille.]

Les divertissements de la période des fêtes de l'année, en ce qui me concerne personnellement, se sont enfin apaisés en une accalmie temporaire. En fait, ma famille et moi avons une ou deux soirées rien que pour le moment. J'ai pour intention de profiter de cet intervalle de loisir pour exprimer mes sentiments au sujet des soirées et de la toilette des dames.

Que personne ne tourne cette page avec impatience, alarmé par la perspective d'une nouvelle diatribe contre Crinoline. Pour ma part, je ne vais pas me présenter comme un écrivain qui s'oppose en vain à l'une des institutions existantes de ce pays. La presse, la chaire et la scène ont eu l'habitude de se considérer comme trois leviers très puissants, susceptibles d'être utilisés avec des effets terribles sur la matière inerte de la société. Tous trois ont essayé d'arracher de la terre anglaise cette plante étrangère florissante, la crinoline, et n'ont pas réussi à en remuer ne serait-ce qu'une seule racine. Tous les trois ont couru à fond contre les femmes d'Angleterre et ne les ont pas bousculées d'un pouce. Parlons du pouvoir de la presse ! Qu'est-ce que c'est, comparé au pouvoir d'une modiste française ? La presse a essayé d'abréger les jupons des femmes et a complètement échoué dans sa tentative. Le moment venu, une modiste française les abrégera avec un préavis d'une semaine. La chaire prêche, la scène ridiculise ; et chaque femme de l'assemblée ou du public, assise, imperturbable, au milieu de son ballon, et laisse les paroles graves ou les paroles comiques, entrer par une oreille et ressortir par l'autre, exactement comme si elles étaient prononcées dans une langue inconnue. Rien de ce dont je me souviens n'a écrasé avec autant de succès les prétentions de la presse, de la chaire et de la scène que l'échec complet de leur croisade contre Crinoline.

Mon objet actuel d'écriture est susceptible, je pense, d'être populaire – du moins auprès des dames. Je ne veux pas rabaisser Crinoline, je veux seulement lui faire de la place. Personnellement, je l'aime plutôt – en effet, même si je suis un homme. Le fait est que je suis un mari et un père très discipliné ; et j'en connais la valeur. Le seul défaut dans la forme par ailleurs parfaite de ma fille aînée réside dans ses pieds et ses chevilles. Elle est mariée, donc cela ne me dérange pas de mentionner qu'ils sont décidément maladroits. Sans Crinoline, ils seraient vus ; avec Crinoline (sauf lorsqu'elle monte les escaliers), personne ne s'en doute le moins du monde. Ma femme – je vous en prie, ne lui dites pas que je l'ai déjà observé – ma femme se dandinait avant l'invention de la crinoline. Maintenant, elle nage voluptueusement et renverse tous les meubles légers, chaque fois qu'elle traverse la pièce, d'une manière qui, sans les frais de réparation, serait parfaitement charmante. Une de mes autres filles célibataires était une pauvre fille tristement maigre. Oh, comme elle est ronde maintenant ! Oh, mes jeunes gens à marier, comme elle est délicieusement rondelette maintenant ! Longue vie à la monarchie de la lignée Crino ! Chaque mère de ce pays qui a des filles à marier et qui n'est pas aussi sûre de leurs attirances personnelles qu'elle le souhaiterait, fait écho à ce cri loyal, j'en suis sûr, du fond de son cœur affectueux. Et la presse pense réellement qu'elle peut ébranler notre dévotion envers notre Reine Jupon ? Caca! caca!

Mais nous devons avoir de la place – nous devons absolument avoir de la place pour notre jupon lors des soirées. Nous le voulions avant Crinoline. Nous le voulons dix mille fois plus, maintenant. Je ne sais pas ce que ressentent les autres parents ; mais, à moins d'une réforme rapide du système actuel de distribution des partis, en ce qui concerne la santé, la bourse et le caractère, je suis un homme perdu. Permettez-moi de préciser mon propos sur ce point par un processus simple et véridique. Laissez-moi vous décrire comment nous sommes allés à notre dernière fête et comment nous en sommes revenus.

Le docteur et Mme Crump, de Gloucester Place (je mentionne les noms et les lieux pour montrer le caractère respectable de la fête), ont aimablement demandé le plaisir de notre compagnie il y a une semaine. Nous acceptâmes l'invitation et décidâmes de nous réunir dans ma salle à manger avant le départ, à neuf heures et demie. Il est inutile de dire que mon gendre et moi (qui séjourne actuellement avec moi en visite) avions la chambre entièrement pour nous à l'heure convenue. Nous attendîmes une demi-heure : tous deux de mauvaise humeur, tous deux désireux d'être au lit et tous deux obstinément silencieux. Lorsque l'horloge du hall sonna dix heures, un bruit se fit entendre dans l'escalier, comme si tout un coup de vent était entré dans la maison et s'avançait vers la salle à manger pour nous précipiter tous deux dans le vide. Nous savions ce que cela signifiait, nous nous sommes regardés et avons dit : « Les voici ! » La porte s'ouvrit et Borée entra voluptueusement, sous la forme de ma femme, dans un velours bordeaux . Elle mesure cinq pieds neuf pouces et porte… Non ! Je ne les ai jamais réellement comptés. Ne laissez pas moi induire le public en erreur et ne pas commettre d'injustice envers ma femme. Permettez-moi de me contenter d'indiquer sa taille et d'ajouter qu'elle est une femme à la mode. Sa circonférence et ses causes peuvent être laissées à l'imagination du lecteur.

Elle a été suivie par quatre vents mineurs, soufflant mortellement dans nos dents : par ma fille mariée dans Pink Moiré Antique ; par ma propre Julia (célibataire) dans Violet Tulle Illusion ; par ma propre Emily (célibataire) en dentelle blanche sur soie glacée ; par ma propre Charlotte (simple) en gaze bleue sur soie glacée. Les quatre vents mineurs et le majestueux Borée maternel remplissaient entièrement la pièce et débordaient sur la table à manger. C'était un spectacle grandiose. Mon gendre et moi, une simple paire de têtards noirs, nous sommes retranchés dans un coin et l'avons regardé, impuissants.

Notre coin était malheureusement le plus éloigné de la porte. Ainsi, lorsque je me suis déplacé pour ouvrir la voie aux voitures, je me suis retrouvé face à une brillante étendue intermédiaire de quatre-vingt-dix mètres de vêtements de dessus uniquement (ne laissant que dix-huit mètres chacun aux dames). Étant vieux, rusé et respecté dans la maison, j'ai pris soin d'éviter ma femme et j'ai réussi à m'en sortir avec mes filles. Mon gendre, jeune, innocent et de rang secondaire dans la famille, n'eut pas cette chance. Je l'ai laissé impuissant, regardant au coin du velours bordeaux de sa belle-mère , une de ses jambes perdue dans le Moiré Antique de sa femme. Il y a tout lieu de supposer qu'il ne s'en est jamais tiré ; car lorsque nous montâmes dans les voitures, il était introuvable ; et, une fois finalement rétabli, il a présenté des symptômes d'épuisement physique et mental. J'ai peur que mon gendre ne l'ait attrapé ; j'ai très peur que, pendant mon absence, mon gendre l'ait attrapé.

Nous avons rempli, non, nous avons débordé, deux voitures. Ma femme et sa fille mariée en une seule, et moi-même sur la loge, le siège avant étant très bien choisi pour le velours et le Moiré Antique. Dans la deuxième voiture se trouvaient mes trois filles — écrasées, comme elles me le disaient avec indignation, écrasées de toute forme (ne vous ai-je pas dit tout à l'heure combien l'une d'elles était rondelette ?) par l'aménagement lamentablement inefficace que le véhicule offrait. leur a proposé. Ils dirent à mon gendre, tandis qu'il montait docilement vers la loge, qu'ils se garderaient bien d'épouser un homme comme lui, en tout cas ! Je n'ai pas la moindre idée de ce qu'il avait fait pour les provoquer. La digne créature reçoit beaucoup de réprimandes dans la maison, sans aucune raison imputable. Mes filles sont-elles mécontentes du fait qu'il ait connaissance officiellement, en tant que mari, du secret des vilains pieds de leur sœur ? Oh, mon Dieu, j'espère que non, j'espère sincèrement que non !

À dix heures dix minutes, nous nous rendîmes en route vers la demeure hospitalière du docteur et de Mme Crump. Les femmes de ma famille étaient alors parfaitement habillées dans les plus belles étoffes. Il n'y avait aucun défaut dans aucune partie du costume d'aucun des participants. C'est beaucoup dire sur quatre-vingt-dix mètres de vêtements, sans parler des flots de rubans et des épais fourrés de buissons fleuris qui s'agitaient gracieusement sur toute leur tête et jusqu'à moitié dans leur dos - néanmoins, je peux le dire.

Le lendemain matin, à quatre heures quarante, nous étions tous réunis de nouveau dans ma salle à manger pour allumer les bougies de notre chambre. A en juger par le seul costume, je n'aurais plus dû connaître une de mes filles, non, pas une d'entre elles !

L'Illusion de Tulle n'était plus une illusion. Le magnifique substrat de Gros de Naples de ma fille le traversait à une demi-douzaine d'endroits. Le Pink Moiré Antique a été déchiré en une traîne rose à queue traînante. La dentelle blanche était en lambeaux et la gaze bleue en lambeaux.

"Une charmante fête !" criaient mes filles en chœur mélodieux, tandis que j'observais cette scène de ruine. Charmant, en effet ! Si j'avais habillé mes quatre filles et les avais envoyées à la Foire de Greenwich, avec l'ordre strict de se saouler et d'agresser la police, et si elles avaient suivi attentivement mes instructions, auraient-elles pu rentrer chez moi dans un état bien pire que celui de la police ? état dans lequel je les vois maintenant ? Un homme qui ne connaîtrait pas le système monstrueux actuel des fêtes pourrait-il regarder mes quatre jeunes femmes et croire qu'elles avaient passé la soirée sous les yeux de leurs parents, dans une maison respectable ? Si la fête avait eu lieu chez un marchand de linge , je pourrais comprendre le but de cette destruction gratuite de propriété. Mais le docteur Crump n'a pas envie de me faire acheter de nouvelles robes. Que lui ai-je fait pour qu'il nous invite, moi et ma famille, chez lui, et qu'il arrache presque les robes de mes enfants, en échange de notre amicale disponibilité à accepter son invitation ?

Mais mes filles ont dansé toute la soirée, et ces petits accidents arriveront dans des salles de bal privées. En effet? Je n'ai pas dansé, ma femme n'a pas dansé, mon gendre n'a pas dansé. Avons-nous échappé à une blessure pour cette raison ? Décidément non. Le velours n'est pas une chose facile à déchirer, c'est pourquoi je n'ai aucune déchirure à déplorer dans la robe de ma femme. Mais je crains qu'une cuillerée de bagatelle n'arrive pas correctement à destination, lorsqu'elle est déposée sur les genoux d'une dame ; et je nie totalement qu'il y ait un lien nécessaire entre les charmes de la société et le port de macarons écrasés, parsemés de colle sur le dos de la robe d'une respectable matrone. J'en ai enlevé trois sur la robe de ma femme, alors qu'elle sortait de la salle à manger en nageant pour monter les escaliers ; et on m'informe qu'il faudra deux nouvelles largeurs devant, parce que ses genoux ont été transformés en assiette pour une bagatelle. Quant à mon gendre, son pantalon est saturé de champagne renversé ; et il sortit, en ma présence, près d'une poignée de salade de homard flasque de la cavité entre le plastron de sa chemise et son gilet. Pour ma part, j'ai eu le coude dans une tarte au gibier, et je vois avec dégoût un chemin gluant de crème anglaise éteinte, serpentant le long du revers gauche de mon manteau. Au total, ce parti, sur la base du calcul le plus bas, me condamne à des dommages et intérêts à hauteur de dix livres, dix-huit shillings et six pence. [4]

En dommages et intérêts uniquement pour les vêtements abîmés. Il me reste à savoir quelles peuvent être les conséquences de la chaleur suffocante dans les chambres et des courants d'air glacials dans les couloirs et dans les escaliers ; il me reste encore à faire face aux éventuelles factures médicales pour soigner nos grippes et nos rhumatismes. Et à quelle cause toutes ces destructions et tous ces inconforts sont-ils imputables ? Clairement et simplement, à ceci. Lorsque le Docteur et Mme Crump ont lancé leurs invitations, ils ont suivi l'exemple du reste du monde et ont invité chez eux cinq fois plus de personnes que leurs chambres ne pouvaient accueillir confortablement. De là, des bousculades, des bousculades et des déchirements parmi les danseurs, et des bousculades, des bousculades et des déversements dans la salle du souper. De là une scène de foule et de confusion barbare, dans laquelle les danseurs qui réussissent sont les couples les plus lourds et les plus grossiers de la compagnie, et les convives heureux à la table du souper, les gens qui ont le moins de respect pour les contraintes de la politesse et des besoins. de leurs voisins .

N'y a-t-il pas de remède à ce grand fléau social ? pour une nuisance, c'est certainement le cas. Il existe un remède dans chaque quartier de Londres, sous la forme d'une salle publique spacieuse et confortable, que l'on peut louer. Les pièces auxquelles je fais allusion ne sont jamais utilisées à des fins douteuses. Ils sont principalement consacrés aux conférences, concerts et rencontres. Lorsqu'ils sont utilisés à des fins privées, ils peuvent rester privés en donnant à chaque invité une carte à présenter à la porte, tout comme les cartes sont présentées à l'opéra. Les frais de location, comparés aux frais de préparation d'une maison privée pour une fête, et aux frais des dommages causés par la foule, s'avéreraient presque nuls. Le souper pourrait être envoyé dans la grande salle comme il est envoyé dans la petite maison. Et quel avantage tirerait-on de tout cela ? Le premier et le plus grand de tous les avantages, dans de tels cas : l'espace. Espace permettant aux danseurs d'exercer leur art dans un confort parfait ; un espace permettant aux spectateurs de circuler et de se parler à leur aise ; place pour les musiciens dans une galerie confortable ; un espace pour manger et boire ; espace pour une ventilation égale et agréable. En un mot, tous les avantages reconnus d'un bal public, avec toute l'agréable liberté sociale d'un divertissement privé.

Et qu'est-ce qui empêche l'adoption de cette réforme sensée ? Rien que la vanité domestique de mes compatriotes bien-aimés.

J'ai proposé l'autre jour la location d'une salle à un excellent ami qui songeait à organiser une fête et qui envisageait inhumainement d'inviter au moins une centaine de personnes dans sa ridicule petite maison de dix pièces. Il a absolument frémi lorsque j'ai évoqué mon idée : tous ses préjugés insulaires se sont hérissés en un instant. « Si je ne peux pas recevoir mes amis sous mon propre toit, sur mon propre foyer, monsieur, et dans ma propre maison, je ne les recevrai pas du tout. Prenez bien une chambre ! Appelez-vous cela l'hospitalité d'un Anglais ? ne le faites pas." Il était tout à fait inutile de suggérer à ce gentleman que l'hospitalité d'un Anglais, ou l'hospitalité de n'importe quel homme, est indigne de ce nom à moins qu'elle ne remplisse la première grande condition requise pour assurer le confort de ses invités. Nous n'adoptons pas cette vision exagérée de la situation dans notre pays. Nous sommes sur notre propre étage (peu importe qu'il fasse seulement douze pieds carrés ou non) ; nous faisons du beau spectacle dans nos maisons (qu'elles soient assez grandes ou non) ; peu importe les robes des femmes ; peu importe que les danseurs soient en perpétuelle collision ; peu importe que le souper soit une bousculade inconfortable et barbare ; peu importe la ventilation alternant entre une chaleur insupportable et un froid insupportable : la maison d'un Anglais est son château, même quand on ne peut pas monter son escalier et qu'on ne peut pas se retourner dans ses chambres. Si je vivais dans le Trou Noir de Calcutta, monsieur, *j'y* verrais mes amis parce que j'y vis, et je ferais le nez devant le plus beau palais de marbre de toute la ville, parce que c'était un palais qu'on pouvait avoir pour le plaisir. embauche!

Et pourtant, l'innovation que je propose maintenant concernant une coutume insensée et établie n'est pas sans précédent, même dans ce pays. Quand j'étais jeune homme, moi et certains de mes amis avions l'habitude de donner un bal des célibataires une fois par an. Nous avons loué à cet effet une salle publique respectable. Personne n'a jamais eu accès à notre divertissement qui ne soit parfaitement apte à être invité dans une maison de gentleman. Personne ne voulait d'espace pour danser ; la robe de personne n'a été blessée ; personne n'était mal à l'aise au souper. Notre bal était attendu chaque année par les jeunes dames, comme la danse spéciale de la saison où elles étaient sûres de s'amuser. Ils parlèrent avec ravissement de la musique charmante, de l'éclairage brillant, des jolies décorations et du bon dîner. Les vieilles dames et messieurs imploraient piteusement qu'on ne les laisse pas de côté à cause de leur âge. Les gens de tous âges et de tous goûts trouvèrent de quoi leur plaire au bal des célibataires, et n'en gardèrent jamais un souvenir qui ne fût des plus heureux. Qu'est-ce qui nous empêche, maintenant que nous sommes mariés, de suivre le déroulement raisonnable de notre jeunesse ? L'hypothèse stupide selon laquelle ma maison doit être suffisamment grande pour accueillir confortablement tous mes amis, *parce que* c'est ma maison. Je ne raisonnais pas de cette façon lorsque j'avais un logement, bien que mon salon de garçon soit, à quelques pieds près dans chaque sens, aussi grand que le salon de mon maître de maison à l'heure actuelle.

Cependant, j'ai vraiment quelques espoirs de voir la réforme raisonnable que j'ai osé proposer, pratiquement et généralement réalisée avant ma mort. Non pas parce que je le préconise, ni parce qu'il est en soi fondamentalement raisonnable ; mais simplement parce que le cours du temps ne laissera probablement, d'ici peu, aux préjugés obstinés aucun choix d'alternatives ni aucun pouvoir de résistance. Les dons de fête augmentent, les fêtards augmentent, les jupons augmentent, mais les maisons privées restent exactement telles qu'elles étaient. Ce n'est évidemment qu'une question de temps. Les invités débordent déjà vers l'escalier. Donnez-nous dix ans d'augmentation de la population, et ils déborderont dans la rue. Lorsque la porte du château insensé de l'Anglais ne peut être fermée, à cause du nombre de ses invités qui sont pressés jusqu'au seuil, alors il concèdera à la nécessité ce qu'il n'accordera maintenant à aucune force de raisonnement ni à aucune douceur. de persuasion. Le seul argument convaincant auprès des gens obstinés est la Force Principale – et le Temps, dans le cas présent, est sûr de l'employer tôt ou tard.

CURIOSITÉS DE LITTERATU RE.—II.
PORTRAIT D'UN AUTEUR, PEINT PAR SON EDITEUR.

JE.

L'auteur est né français et est mort en 1850. Sur tout le continent européen, partout où la littérature française a pénétré, ses lecteurs se comptent par dizaines de milliers. Les femmes de tous rangs et de tous ordres l'ont distingué depuis longtemps comme l'homme marqué parmi les écrivains de fiction modernes, celui qui connaît le plus profondément et apprécie le plus subtilement leur sexe dans sa force et dans sa faiblesse. Des hommes, dont le jugement critique est largement et dignement respecté, ont déclaré qu'il était l'observateur le plus profond et le plus vrai de la nature humaine que la France ait produit depuis l'époque de Molière. Il compte incontestablement parmi les rares grands génies qui apparaissent un ou deux, siècle après siècle, et qui laissent une marque ineffaçable sur la littérature de leur époque. Et pourtant, malgré cette renommée continentale largement étendue et ce droit et titre incontestables d'en jouir, il n'y a probablement aucun pays civilisé dans le Vieux Monde où il soit aussi peu connu qu'en Angleterre. Parmi tous les lecteurs — une classe nombreuse dans ces îles — qui, pour diverses raisons, sont peu habitués à étudier la littérature française dans sa langue maternelle, il y en a probablement un très grand nombre qui n'ont même jamais entendu parler du nom d' HONORÉ DE BALZAC .

Aussi inexplicable que cela puisse paraître à première vue, la raison pour laquelle l'illustre auteur d' Eugénie Grandet , Le Père Goriot et La Recherche de l'Absolu se trouvent être si peu connus du grand public anglais qu'ils sont, à première vue, assez faciles à découvrir. Balzac est peu connu, parce qu'il a été peu traduit. Une version anglaise d' Eugénie Grandet a été récemment présenté comme faisant partie d'une série de romans bon marché. Et l'auteur de cet article se souvient vaguement d'avoir rencontré, il y a de nombreuses années, une traduction de La Peau de Chagrin. Mais autant qu'il sache, à l'exception des exemples de ces deux livres, aucun autre ouvrage, sur le nombre total de quatre-vingt-dix-sept fictions, longues et courtes, sorties de la même plume fertile, n'a été proposé à nos propres lecteurs. dans notre propre langue. Une immense aide a été apportée dans ce pays à la réputation d'Alexandre Dumas, de Victor Hugo et d'Eugène Sue : aucune aide, ou presque aucune, n'a été apportée à Balzac, bien qu'il soit considéré en France (et à juste titre, dans certains pays). respects) en tant qu'écrivain d'Action supérieur aux trois.

De nombreuses causes, trop nombreuses pour être retracées minutieusement dans le cadre d'un seul article, ont probablement contribué à produire cet exemple singulier de négligence littéraire. Il est indéniable, par exemple, que de sérieuses difficultés s'opposent à la traduction de Balzac, dues à ses propres particularités de style et de traitement. Son français n'est pas le français clair, gracieux et soigné de Voltaire et de Rousseau. C'est un langage qui lui est propre, fort, dur et solidement vigoureux ; tantôt éclatant dans les félicités d'expression les plus exquises, tantôt de nouveau impliqué dans une obscurité que seule l'attention la plus étroite peut espérer pénétrer. Un homme spécial, peu pressé par le temps et difficilement amené à bout de sa patience, pourrait donner avec un effet admirable l'équivalent anglais de Balzac. Mais une traduction ordinaire de cet ouvrage par des ouvriers moyens ne mènerait, par le biais d'une faible parodie, qu'à un échec total. [5]

Les difficultés, encore une fois, causées par son style de traitement ne doivent pas être estimées à la légère, lorsqu'il s'agit de présenter cet auteur à notre grand public. La particularité de l'exécution littéraire de Balzac est qu'il ne compromet jamais les subtilités et les délicatesses de l'art pour une quelconque considération d'effet temporaire. Le cadre dans lequel s'inscrit son idée est toujours travaillé avec une minutie amoureuse qui ne laisse rien de côté. Tout ce qui, dans l'esprit de cet écrivain, peut illustrer, même de loin, les personnages qu'il représente, doit être minutieusement transmis à l'esprit de ses lecteurs avant que les personnages eux-mêmes ne commencent à agir. Cette qualité de finition minutieuse, d'affinage réitéré, qui est un des grands mérites de Balzac, pour le public étranger, est un autre des obstacles, pour le public anglais, dans la manière de le traduire.

En accordant tout le poids qui est dû à la force de ces obstacles ; et admettant en outre que Balzac s'expose à de graves objections (de la part de cette partie malheureusement importante du public anglais qui proteste obstinément contre la vérité partout où elle est douloureuse), en tant qu'écrivain qui insiste sévèrement pour présenter les aspects mornes de l'humanité. la vie, littéralement, exactement, nue, telle qu'il les trouve - avec ces allocations, et bien d'autres s'il le faut - il est encore impossible de ne pas regretter, pour le bien des lecteurs eux-mêmes, que de dignes versions anglaises des meilleures œuvres de ce livre les grands écrivains ne sont pas ajoutés à la bibliothèque nationale de littérature traduite. Vers la fin de sa carrière, le goût de Balzac en matière de choix de sujets semble avoir été vicié. Ses romans ultérieurs, aussi excellents que certains d'entre eux l'étaient au sens littéraire, ne peuvent certainement pas, au sens moral, être défendus contre la grave accusation d'être inutilement et même horriblement répugnants. Mais aucune objection de ce genre ne s'applique à la plupart des œuvres qu'il a produites lorsqu'il était dans la fleur de l'âge et de ses facultés. La conception du personnage d'" Eugénie Grandet est une des choses les plus pures, les plus tendres et les plus belles de toute la gamme de la fiction ; et l'exécution en est même digne de l'idée. Si la traduction déjà faite de ce livre n'est qu'honorablement exécutée, on peut la laisser pour parler de lui-même. Mais il y a d'autres fictions de l'écrivain qui méritent le même privilège, et qui ne l'ont pas encore obtenu : « La Recherche de l'Absolu », tableau de famille qui, par vérité, délicatesse et pathos. n'a été surpassé par aucun romancier d'aucune nation ni d'aucune époque ; une réalisation littéraire dans laquelle un personnage nouveau et impérissable (le personnage d'une beauté exquise de l'épouse) a été ajouté à la grande galerie de fiction - reste encore inconnue du grand public. d'Angleterre. "Le Père Goriot » — qui, s'il dévoile quelques-unes des corruptions cachées de la vie parisienne, les dévoile noblement dans l'intérêt de cette plus haute moralité n'appartenant à aucune nation ni à aucune secte — « Le Père Goriot », qui figure au premier rang de toutes les œuvres de l'écrivain, qui a tiré les larmes de milliers de personnes aux sources les plus pures, a encore son attrait à faire à la sympathie des lecteurs anglais. D'autres nouvelles plus courtes, disséminées dans les « Scènes de la Vie Privée , les Scènes de la Vie de Province et les Scènes de la Vie Parisienne sont aussi complètement inconnues d'un certain cercle de lecteurs dans ce pays, et méritent aussi incontestablement une traduction soignée et compétente, que le Des productions plus longues et plus élaborées de la plume inépuisable de Balzac. En comptant ces nouvelles plus courtes, il y a au moins une douzaine de ses plus hautes réalisations en matière de fiction qui pourraient être traduites en toute sécurité en anglais, qui pourraient former une série à elles seules et qu'aucune Anglaise sensée ne pourrait lire ; et ce sera, intellectuellement ou moralement, le pire pour eux.

Voilà donc un commentaire préliminaire nécessaire sur les œuvres de cet auteur et sur leur position actuelle par rapport au public anglais. Les lecteurs qui peuvent être suffisamment intéressés par le sujet pour désirer en savoir plus sur l'homme lui-même peuvent désormais tirer cette information d'une source singulière, et même d'une source unique. La Vie de Balzac a été écrite dernièrement par son éditeur, de tous les gens du monde ! C'est un phénomène en soi ; et la bizarrerie de la chose est encore accrue par le fait que l'éditeur a été amené au bord de la ruine par l'auteur, qu'il mentionne cette circonstance en écrivant sa vie, et que cela n'enlève rien à son admiration manifestement sincère pour le grand homme avec lequel il entretenait autrefois des relations si désastreuses dans les affaires. Voici sûrement un livre original, à une époque où l'originalité devient de plus en plus difficile à rencontrer - un livre contenant des révélations qui laisseront perplexes et consterneront tout admirateur de Balzac qui ne peut séparer l'homme de ses œuvres - un livre qui présente l'un des plus des témoignages singuliers d'excentricité humaine, en ce qui concerne le héros, et de crédulité humaine en ce qui concerne le biographe, qui ont probablement jamais été publiés pour l'amusement et la perplexité du monde des lecteurs.

Le titre de cet ouvrage singulier est, "Portrait Intime De Balzac : sa Vie, son Humeur et son Caractère . Par Edmond Werdet , son ancien Libraire-Editeur ." Mais avant de permettre à M. Werdet de raconter son expérience personnelle du célèbre écrivain, il conviendra d'introduire le sujet en donnant un aperçu des luttes, des privations et des déceptions qui ont marqué les débuts du livre. La vie de Balzac, et qui, sans doute, ont influencé son caractère après le pire. Ces détails sont donnés par M. Werdet sous forme d'épisode, et sont principalement tirés, de sa part, des renseignements fournis par la sœur de l'auteur.

Honoré de Balzac est né dans la ville de Tours, le seize mai mil sept cent quatre-vingt-dix-neuf. Ses parents étaient des personnes de rang et de position dans le monde. Son père occupait un poste légal dans la chambre du conseil de Louis XVI. Sa mère était la fille d'un des directeurs des hôpitaux publics de Paris. Elle était beaucoup plus jeune que son mari et lui apporta une riche dot. Honoré était son premier-né ; et il garda toute sa vie son premier sentiment de respect enfantin pour sa mère. Cette mère souffrit l'indicible affliction de voir son illustre fils lui enlever la mort à l'âge de cinquante ans. Balzac rendit son dernier soupir dans les bras bienveillants qui l'avaient caressé pour la première fois le jour de sa naissance.

Son père, dont il a évidemment hérité d'une grande partie de l'excentricité de son caractère, est décrit comme un composé de Montaigne, Rabelais et oncle Toby - un homme aux manières, à la conversation et au caractère en général, d'une sorte étrangement originale. Au déclenchement de la Révolution, il perd sa situation judiciaire et obtient une place au commissariat de l'armée du Nord. Ce poste, il l'a occupé pendant quelques années. C'était pour lui d'une importance d'autant plus grande que les convulsions de la Révolution avaient altéré la situation financière de la famille.

A l'âge de sept ans, Balzac fut envoyé au collège de Vendôme ; et il y resta encore sept ans. Cette période de sa vie n'a jamais été agréable dans son souvenir. La situation réduite de sa famille l'a exposé à de nombreuses persécutions sordides et au ridicule de la part des autres garçons ; et il ne s'entendait guère mieux avec les maîtres. Ils le décrivaient comme oisif et incapable – ou, en d'autres termes, comme assez prêt à dévorer toutes sortes de livres selon son propre plan décousu, mais désespérément obstiné à résister à la discipline éducative de l'école. Cette époque de sa vie, il l'a reproduite dans l'un des plus étranges et des plus mystiques de tous ses romans, « La Vie intellectuelle de Louis Lambert ».

Arrivé à l'âge critique de quatorze ans, son intellect semble avoir souffert d'une espèce d'éclipse qui s'est produite très soudainement et mystérieusement, et dont ni ses maîtres ni les médecins n'ont pu expliquer la cause. Lui-même déclarait toujours dans l'au-delà, avec un brin de bizarrerie de son père, que son cerveau avait été attaqué par « une congestion d'idées ». Quelle qu'en soit la cause, l'effet fut si grave qu'il fallut arrêter les progrès de son éducation ; et son retrait du collège a suivi comme une évidence. Le temps, les soins, le calme et la respiration de son air natal le rendirent peu à peu à lui-même ; et il put finalement terminer ses études dans deux écoles privées. Mais là encore, il ne fit rien pour se distinguer parmi ses condisciples. Il lisait sans cesse et conservait les fruits de ses lectures avec une merveilleuse puissance de mémoire ; mais l'enseignement scolaire, qui fonctionnait assez bien pour les garçons ordinaires, était exactement le genre d'enseignement devant lequel l'esprit essentiellement original de Balzac reculait de dégoût. Tout ce qu'il a ressenti et fait à cette époque a été soigneusement reproduit par sa propre plume dans les premières pages du « Lys dans la Vallée ».

Malgré ses mauvais résultats scolaires, il parvient à s'imprégner d'une quantité suffisante d'apprentissages conventionnels pour avoir droit, à l'âge de dix-huit ans, à son diplôme de baccalauréat ès arts. Il était destiné à la justice ; et après avoir suivi les cours de droit dans les diverses Institutions de Paris, il réussit son examen à vingt ans, puis entra chez un notaire en qualité de clerc. Il y avait deux autres employés pour lui tenir compagnie, qui détestaient les corvées de la loi aussi profondément qu'il les détestait lui-même. L'un d'eux était le futur auteur des « Mystères de Paris », Eugène Sue ; l'autre était le célèbre critique Jules Janin .

Après avoir exercé cette charge et une autre pendant plus de trois ans, un ami légal, qui avait de grandes obligations envers Balzac le père, proposa de céder son activité de notaire à Balzac le fils. Au grand scandale de la famille, Honoré refusa résolument l'offre, pour la seule raison suffisante qu'il s'était déterminé à être le plus grand écrivain de France. Ses parents commencèrent par se moquer de lui, et finirent par se fâcher contre lui. Mais rien n'émouvait Honoré . Sa vanité était du genre calme et posé ; et sa propre conviction que son objectif dans la vie était simplement d'être un homme célèbre s'est avérée trop forte pour être ébranlée par qui que ce soit.

Tandis que lui et sa famille étaient en guerre sur ce point, un changement pour le pire se produisit dans la situation officielle de Balzac père. Il était retraité. La diminution des revenus ainsi produite fut suivie d'une catastrophe pécuniaire. Il avait engagé la presque totalité de ses rares biens personnels et de ceux de sa femme dans deux spéculations ; et ils ont tous deux échoué. Il ne lui restait plus d'autre ressource que de se retirer dans une petite maison de campagne des environs de Paris, qu'il avait achetée dans ses jours de prospérité, et d'y vivre aussi bien que possible sur les ruines de sa fortune perdue. Honoré , s'accrochant à l'entreprise désespérée de devenir un grand homme, fut, par son propre désir, laissé seul dans une mansarde parisienne, avec une allocation de cinq livres anglaises par mois, ce qui était tout ce que son père pouvait disposer pour nourrir, vêtir. , et héberge le fils insensé.

Et maintenant, sans ami littéraire pour l'aider dans tout Paris ; seul dans son misérable grenier, avec sa table de sapin et son lit gigogne, ses livres écornés, ses papiers griffonnés , sa vanité sauvage et sa faim vorace de gloire, Balzac se dévêtit résolument pour le grand combat. Il avait alors vingt-trois ans, c'était un garçon robuste à regarder, avec un grand visage jovial et un fort front carré, surmonté d'une mèche de longs cheveux emmêlés très en désordre et superflue. Sa seule difficulté au début était de savoir par quoi commencer. Après avoir passé de nombreux mois solitaires à esquisser des comédies, des opéras et des romans, il obéit finalement à la seule règle désastreuse qui semble ne souffrir aucune exception dans les premières vies des hommes de lettres, et fixa toute l'orientation de son industrie et de son génie sur la production d'une tragédie. Après des douleurs infinies et un long travail , le grand travail fut achevé. Le sujet était Cromwell ; et le traitement, entre les mains de Balzac, semble avoir été si inconcevablement mauvais, que même sa propre famille - sans parler d'autres amis judicieux - lui a dit dans les termes les plus clairs, quand il le leur a lu, qu'il avait commis un signal. échec. Les hommes modestes auraient pu en être découragés. Balzac rapporta son manuscrit dans sa mansarde, plus haut que jamais dans son estime. "Je renoncerai à être un grand dramaturge", dit-il à ses parents au moment de se séparer, "et je serai plutôt un grand romancier". La vanité de l'homme s'est exprimée avec ce mépris sublime du ridicule tout au long de sa vie. C'était une qualité précieuse pour lui — c'est sûrement (même si cela peut être incontestablement offensant pour nos amis) une qualité précieuse pour nous tous. Quel homme a jamais fait quelque chose de grand, sans commencer par une profonde croyance en ses propres pouvoirs inédits ?

Ainsi, toujours confiant en ses propres ressources, Balzac reprend la plume, cette fois en tant que romancier. Mais un autre et sérieux échec l'attendait d'emblée. Quinze mois de solitude, de privations et d'écriture imprudente et dure – mois qui sont consignés dans les pages de « La Peau de Chagrin » avec une vérité effrayante et pathétique, tirée directement de la plus amère de toutes les expériences, l'expérience de la pauvreté studieuse – avaient réduit l'a amené à un état de faiblesse physique qui rendait tout effort actuel de ses capacités mentales tout simplement inutile et qui l'a obligé à se réfugier - un homme épuisé et épuisé, à l'âge de vingt-trois ans - dans la petite maison de campagne tranquille de son père. . Ici, sous les soins de sa mère, ses énergies épuisées reprirent lentement vie ; et ici, dans les premiers jours de sa convalescence, il retourna, avec la sombre résolution du désespoir, à la réalisation de son vieux rêve dans le grenier, à la vieille entreprise désespérée de devenir un grand homme.

C'est sous le toit de son père, au moment de sa lente convalescence, que se produisirent les fictions de jeunesse de Balzac. La force de sa croyance en ses propres ressources et en son propre avenir lui donna aussi la force, par rapport à ces premiers efforts, de s'élever au-dessus de sa propre vanité, et de voir clairement qu'il n'avait pas encore appris à se rendre pleinement justice. Ses premiers romans portaient sur leurs pages de titre une variété de noms feints, car l'auteur affamé et en difficulté était trop fier pour les reconnaître, aussi longtemps qu'ils ne parvenaient pas à satisfaire sa propre conception de ce que ses propres pouvoirs pouvaient accomplir. Ces premiers efforts, désormais inclus dans les éditions belges de ses œuvres complètes, et comprenant parmi eux deux nouvelles, "Jane la Pâle " et "Le Vicaire des Ardennes", qui montrent les débuts incontestables du génie d'un grand écrivain, furent initialement publiés par l'ordre inférieur et plus rapace des libraires, et ne fit pas moins pour augmenter ses revenus que pour établir sa réputation. Pourtant, il se fraya un chemin lentement et résolument à travers la pauvreté, l'obscurité et la déception, se rapprochant de plus en plus de la terre promise qu'aucun œil ne voyait autre que le sien - un homme de loin plus grand, à cette dure période de son adversité qu'à la plus grande. essayant après temps de sa prospérité et de sa renommée. Une à une, les années lourdes s'écoulèrent jusqu'à ce qu'il atteigne l'âge de trente ans ; et puis le grand prix pour lequel il avait travaillé si longtemps tomba enfin à sa portée. En l'an mil huit cent vingt-neuf, fut publiée la fameuse Physiologie du Mariage ; et la mort de faim des mansardes de Paris devint un nom et une puissance dans la littérature française.

En Angleterre, ce livre aurait été universellement condamné comme une révélation impardonnable des secrets les plus sacrés de la vie domestique. Il dévoile tout le côté social du mariage dans ses recoins les plus intimes et l'expose alternativement dans ses aspects clairs et sombres avec une merveilleuse minutie d'observation, une connaissance profonde de la nature humaine et une excentricité audacieuse de style et d'arrangement qui justifient amplement l'extraordinaire. succès du livre dès sa première parution en France. Il est peut-être plus que discutable, à en juger du point de vue anglais, qu'un tel sujet ait jamais dû être choisi pour un traitement autre que le plus sérieux, le plus respectueux et le plus indulgent. Cependant, en mettant cette objection de côté, compte tenu du point de vue français, on ne peut nier que les mérites de la « Physiologie du mariage », en tant qu'ouvrage, n'ont en aucun cas été surestimés par le public auquel il s'adressait. a été abordée. Au sens littéraire, le livre aurait fait honneur à un homme dans la maturité de ses pouvoirs. En tant qu'œuvre d'un homme dont la vie intellectuelle ne faisait que commencer, ce fut une réalisation dont on n'atteint pas souvent l'histoire de la littérature moderne.

Ce premier triomphe du futur romancier, obtenu, curieusement, par un livre qui n'était pas un roman, ne parvint pas à aplanir la voie à Balzac aussi rapidement et aussi agréablement qu'on aurait pu le supposer. Il a eu un autre trébuchement sur son chemin difficile, avant de se lancer dans une carrière de succès. Peu après la publication de « La physiologie du mariage », l'idée malheureuse de renforcer ses ressources en faisant du commerce de la littérature, ainsi qu'en écrivant des livres, semble lui être venue à l'esprit. Il s'est essayé à la librairie et à l'imprimerie ; s'est avéré être, dans les deux cas, probablement le pire homme d'affaires qui ait jamais vécu et respiré dans ce monde ; échoué de la manière la plus désespérée, avec la rapidité la plus extraordinaire ; et il apprit enfin, par l'enseignement cruel de l'expérience, que sa seule chance de gagner de l'argent résidait dans le fait de rester fidèle à sa plume pour le reste de ses jours. Au cours des dix années suivantes de sa vie, cette plume produisit la noble série de fictions qui influencèrent largement la littérature française et qui resteront dans la mémoire du public longtemps après que les misérables erreurs et incohérences du caractère personnel de l'écrivain soient oubliées. C'était l'époque où Balzac jouissait pleinement de ses facultés intellectuelles mûres et de sa célébrité publique enviable ; et ce fut aussi l'époque dorée où son éditeur et biographe fit sa première connaissance. Maintenant donc, M. Werdet peut être encouragé à se présenter et à prendre le poste d' honneur de narrateur de l'étrange histoire qui reste à raconter ; car il est désormais placé dans la position idéale pour s'adresser de manière intelligible et amusante à un public anglais.

L'histoire s'ouvre avec les débuts de Monsieur Werdet comme éditeur à Paris, à son propre compte. Le modeste capital dont il disposait s'élevait à peine à cent vingt livres anglaises ; et son idée maîtresse, en commençant ses affaires, était de devenir l'éditeur de Balzac.

Il avait déjà conclu des transactions importantes avec son auteur favori , en qualité d'agent d'une maison d'édition de grand standing. Il avait été très bien reçu, cette première fois, comme un homme représentant un capital indéniable et une grande position commerciale. Mais la seconde fois, ne représentant que lui-même et rien que le plus petit des capitaux existants, il s'assura très sagement la protection d'un ami intime de Balzac, pour le présenter aussi favorablement que possible, pour la seconde fois. Accompagné de ce monsieur, nommé Monsieur Barbier , et portant son capital dans son portefeuille, l'embryon d'éditeur se présenta nerveusement dans le sanctum sanctorum du grand homme.

M. Barbier ayant soigneusement expliqué l'affaire pour laquelle ils venaient, Balzac s'adressa, avec une suavité et une grandeur d'allure indescriptibles, à l'inquiétant M. Werdet .

"Juste ainsi", dit l'homme éminent. " Vous possédez sans aucun doute, monsieur, un capital considérable ? Vous savez probablement qu'aucun homme ne peut espérer publier pour MOI s'il n'est prêt à s'affirmer magnifiquement en matière d'argent liquide ? Je vends haut, haut, très haut. Et, pour ne pas vous tromper, car je suis incapable de supprimer la vérité, je suis un homme qui demande à être traité selon le principe d'avancées considérables. Continuez, monsieur, je suis prêt à vous écouter.

Mais M. Werdet était trop prudent pour procéder sans renforcer sa position avant de commencer. Il se retrancha aussitôt derrière son portefeuille.

Un à un, les billets de la Banque de France, qui constituaient le petit capital du pauvre éditeur, sortirent de leur cachette douillette. M. Werdet en sortit six, représentant cinq cents francs chacun (ou, comme nous l'avons dit, cent vingt livres sterling), les disposa soigneusement et de manière impressionnante en cercle sur la table, puis s'en remet à la merci de l'auteur dans un air agité. voix, et en ces mots :

"Monsieur, voici mon capital. Là est toute ma fortune. Elle est à vous en échange de tout livre qu'il vous plaira d'écrire pour moi..."

À ce moment-là, à la grande horreur et au grand étonnement de M. Werdet , sa progression fut interrompue par des éclats de rire – des rugissements formidables, comme il le dit lui-même expressément – jaillissant des poumons de Balzac, très distrait.

"Quelle étonnante simplicité !" s'écria le grand homme. " Croyez-vous vraiment, monsieur, que moi, de Balzac, puissiez assez complètement oublier ce qui m'est dû au point de vous vendre, pour la somme de trois mille francs, n'importe quelle espèce de fiction imaginable qui soit le produit de MA PLUME ? " venez ici, monsieur Werdet , m'adresser une offre, sans vous préparer par une réflexion préalable. Si j'étais ainsi disposé, j'aurais bien le droit de considérer votre conduite comme inconvenante au plus haut point. . Au contraire, je peux même permettre à votre honnête ignorance, à votre confiance innocente, de vous excuser à mon avis. Ne vous inquiétez pas, monsieur.

Entre déception, indignation et étonnement, M. Werdet resta muet. Son ami, M. Barbier , parla donc pour lui, insistant sur toutes les considérations possibles ; et enfin en proposant que Balzac, s'il était décidé à ne pas écrire un nouveau conte pour trois mille francs, vende au moins pour cette somme une édition d'un ancien. Les arguments de M. Barbier étaient admirablement exposés : ils durent longtemps ; et quand ils eurent fini, ils reçurent cette réponse :

"Messieurs!" s'écria Balzac en repoussant ses longs cheveux de ses tempes échauffées et en prenant une nouvelle trempe d'encre, vous avez perdu une heure de MON TEMPS à parler de bagatelles. J'évalue la perte pécuniaire ainsi occasionnée pour moi à deux cents francs. le temps est mon capital. Je dois travailler. Messieurs, laissez-moi. Après s'être exprimé en ces termes hospitaliers, le grand homme reprit aussitôt le processus de composition.

M. Werdet , naturellement et à juste titre indigné, quitta aussitôt la pièce. Il fut rattrapé, après avoir parcouru un peu de distance dans la rue, par son ami Barbier , resté sur place pour remontrer.

"Vous avez toutes les raisons d'être offensé", a déclaré Barbier . " Sa conduite est inexcusable. Mais ne croyez pas, je vous en prie, que votre négociation soit rompue. Je le connais mieux que vous ; et je vous dis que vous avez cloué Balzac. Il veut de l'argent, et avant que trois jours ne soient au-dessus de votre tête. il vous rendra visite.

"S'il le fait", répondit Werdet , "je le jette par la fenêtre."

"Non, vous ne le ferez pas", a déclaré Barbier . " En premier lieu, c'est une procédure extrêmement incivile que de jeter un homme par la fenêtre ; et, en tant que gentleman naturellement poli, vous êtes incapable de commettre une violation des bonnes manières. En deuxième lieu, aussi impoli qu'il ait été de le faire, vous, Balzac n'en est pas moins un homme de génie ; et, comme tel, il est justement l'homme dont vous avez besoin, en tant qu'éditeur, et dans un jour ou deux vous le verrez ou vous l'entendrez. de lui encore."

Barbier avait raison. Trois jours après, la communication satisfaisante suivante fut reçue par M. Werdet :

« Mon cerveau, monsieur, était si prodigieusement préoccupé par un travail qui ne me convenait pas, lorsque vous m'avez rendu visite l'autre jour, que j'étais incapable de comprendre autrement qu'imparfaitement ce que vous attendiez de moi.

"Aujourd'hui, mon cerveau n'est pas préoccupé. Faites-moi la faveur de venir me voir à quatre heures.

"Mille civilités.

" DE BALZAC. "

M. Werdet considérait cette note singulière sous le jour d'une nouvelle impertinence. Après réflexion, il l'avoua et ajouta sèchement que des affaires importantes l'empêcheraient d'accepter la nomination qui lui était proposée.

Deux jours plus tard, l'ami Barbier arrivait avec une seconde invitation du grand homme. Mais M. Werdet s'y refusa résolument. "Balzac a déjà joué son jeu avec moi", a-t-il déclaré. "Maintenant, c'est à mon tour de jouer mon jeu avec Balzac. Je veux le faire attendre encore quatre jours."

Au bout de ce temps, M. Werdet entra de nouveau dans le sanctum sanctorum. A cette seconde occasion, la politesse gracieuse de Balzac fut indescriptible. Il déplore la rareté des éditeurs intelligents. Il a déclaré son profond sentiment de l'importance de l'apparition d'un éditeur intelligent à l'horizon littéraire. Il s'est dit tout à fait enchanté de pouvoir désormais remarquer cette apparition, l'accueillir et même y faire face. Tout poli qu'il fût de nature, M. Werdet n'avait cette fois aucune chance contre M. de Balzac. Dans la course à la civilité, l'éditeur n'était plus nulle part et l'auteur faisait toute la course.

L'entretien, ainsi heureusement commencé, se termina par une transaction des plus agréables de part et d'autre. Balzac enferma allègrement les six billets de banque dans son coffre-fort. Werdet , tout aussi gaiement, se retira avec un accord écrit dans son portefeuille vide, l' autorisant à publier la deuxième édition du " Médecin de Campagne " - à peine, peut-on remarquer entre parenthèses, l'une des meilleures parmi les romans choisis. de Balzac.

II.

Une fois lancé dans les affaires en tant qu'heureux propriétaire et éditeur plein d'espoir de la deuxième édition du Médecin de Campagne , M. Werdet était un homme trop sage pour ne pas profiter des seuls moyens sûrs de succès des temps modernes. Il souffla magnifiquement. Tous les journaux parisiens furent inondés d'un déluge d'annonces annonçant l'ouvrage à venir dans des termes d'éloge funèbre comme le lecteur émerveillé n'en avait jamais entendu auparavant. Le résultat, aidé par la célébrité de Balzac, fut un phénomène dans l'histoire commerciale de la littérature française de cette époque. Chaque exemplaire de la deuxième édition du " Médecin de Campagne " a été vendu en huit jours.

Ce succès établit la réputation de Monsieur Werdet . De jeunes auteurs se pressaient autour de lui avec leurs manuscrits, tous déclarant piteusement qu'ils écrivaient dans le style de Balzac. Mais M. Werdet volait plus haut. Il reçut poliment les imitateurs et publia même pour un ou deux d'entre eux ; mais les hautes aspirations commerciales qui brillaient désormais en lui étaient toutes concentrées sur le grand original. Il avait conçu la sublime idée de devenir l'unique éditeur de Balzac ; de racheter tous ses droits d'auteur détenus par d'autres maisons et de publier toutes ses nouvelles œuvres qui n'étaient pas encore écrites. Balzac lui-même accueillit cette proposition avec une superbe indulgence. "Walter Scott", dit-il de sa manière la plus grandiose, "n'avait qu'un seul éditeur : Archibald Constable. Élaborez votre idée. Je l' autorise ; je la soutiens. Je serai Scott, et vous serez Constable !"

Enflammé par l'avenir prodigieux qui s'ouvrait ainsi à lui, M. Werdet prit aussitôt le caractère d'un connétable français ; et entame des négociations avec pas moins de six éditeurs qui détiennent parmi eux les droits d'auteur tant convoités. Son propre enthousiasme a fait quelque chose pour lui ; son excellent caractère antérieur dans le métier et son remarquable succès au début ont fait bien plus. Les maisons avec lesquelles il traitait emportaient ses factures dans toutes les directions, sans le déranger pour sa sécurité.

Après d'innombrables entretiens et un immense exercice de diplomatie, il s'élève enfin au sommet de son ambition : il devient propriétaire unique et éditeur des œuvres de Balzac.

La question suivante, sordide, mais malheureusement nécessaire aussi, était de savoir comment tirer le meilleur parti pécuniaire de cette précieuse acquisition. Certains ouvrages, comme « La Physiologie du Mariage » et « La Peau de Chagrin », avaient rapporté et rapportaient encore de grosses sommes. D'autres au contraire, comme les « Contes " Philosophiques " (qui étaient un peu trop profondes pour le public) et "Louis Lambert" (qui était destiné à vulgariser le mysticisme de Swedishborg), n'avaient pas encore réussi à payer leurs frais. Estimant sa spéculation par ce qu'il avait en main, Monsieur Werdet n'avait pas beaucoup de chances de parvenir rapidement à des rendements rapides, mais, étant donné l'avenir, c'est-à-dire le privilège promis de publier toutes les œuvres envisagées par l'écrivain, il avait toutes les raisons de chercher. heureusement et avec espoir quant à ses perspectives commerciales. Dans cette crise du récit, alors que le crédit et la fortune de l'éditeur dépendaient entièrement de la plume d'un seul homme, l'histoire des habitudes de composition littéraire de cet homme revêt un intérêt et une importance particuliers . Balzac, à son bureau, ne présente nullement la moindre extraordinaire des nombreuses révélations singulières qui composent le récit de la vie de l'auteur.

Lorsqu'il eut décidé de produire un nouveau livre, la première démarche de Balzac fut d'y réfléchir minutieusement avant de le mettre sur papier. Il ne se contentait pas de posséder uniquement l'idée principale ; il l'a suivi mentalement jusque dans ses moindres ramifications, consacrant au processus justement cette somme de travail patient et acharné et d'abnégation qu'aucun écrivain inférieur n'a jamais eu le bon sens ou le courage d'accorder à son œuvre. Son carnet à la main, Balzac étudiait ses scènes et ses personnages directement sur le vif. Une connaissance générale de ce qu'il voulait décrire ne suffisait pas à ce réaliste déterminé. S'il se trouvait le moindre défaut, il n'hésiterait pas à faire un long voyage simplement pour s'assurer de la vérité de la nature en décrivant la rue d'une ville de campagne ou en peignant quelque particularité mineure d'un caractère rustique. A Paris, il parcourait perpétuellement les rues, pénétrant perpétuellement dans toutes les classes de la société, pour étudier la nature humaine qui l'entourait dans ses plus petites variétés. Jour après jour, semaine après semaine, son carnet et son cerveau travaillaient ensemble, avant qu'il ne songe à s'asseoir à son bureau pour commencer. Lorsqu'il eut enfin rassemblé ses matériaux de cette manière laborieuse, il se retira enfin dans son bureau ; et à partir de ce moment-là, jusqu'à ce que son livre soit imprimé, la société ne le revit plus.

La porte de sa maison était désormais fermée à tout le monde, sauf à l'éditeur et à l'imprimeur ; et son costume fut changé pour une ample robe blanche, du genre de celle que portent les moines dominicains. Cette singulière robe d'écriture était attachée autour de la taille par une chaîne en or vénitien, à laquelle pendaient de petites pinces et des ciseaux du même métal précieux. Un pantalon turc blanc et des pantoufles de maroquin rouge brodées d'or couvraient ses jambes et ses pieds. Le jour où il s'assit à son bureau, la lumière du ciel était éteinte et il travaillait à la lueur de bougies placées dans de superbes appliques d'argent. Même les lettres n'étaient pas autorisées à lui parvenir. Ils étaient tous jetés, au fur et à mesure, dans un vase japonais, et ne s'ouvraient, aussi importants soient-ils, que lorsque son travail était terminé . Il se leva pour commencer à écrire à deux heures du matin, et continua avec une rapidité extraordinaire jusqu'à six heures ; puis il prit son bain chaud et s'y arrêta, réfléchissant, pendant une heure ou plus. A huit heures, son domestique lui apporta une tasse de café. Avant neuf heures, son éditeur fut admis à emporter ce qu'il avait fait. De neuf heures à midi, il réécrivait, toujours au maximum de sa vitesse. A midi, il déjeunait avec des œufs, un verre d'eau et une deuxième tasse de café. De une heure à six heures, il retournait au travail. A six heures, il dînait légèrement, ne s'autorisant qu'un verre de vin. De sept à huit heures, il reçut de nouveau son éditeur : et à huit heures, il se coucha. Cette vie qu'il a menée, pendant qu'il écrivait ses livres, pendant deux mois ensemble, sans entracte. Son effet sur sa santé était tel que, lorsqu'il réapparaissait parmi ses amis, il ressemblait, selon l'expression populaire, à son propre fantôme. Des connaissances fortuites ne l'auraient guère connu à nouveau.

Il ne faut pas supposer que cette vie de réclusion résolue et de dur labeur acharné s'est terminée avec l'achèvement de la première ébauche de son manuscrit. Au point où, pour la plupart des hommes, la partie sérieuse de l'œuvre aurait pris fin, elle n'en était qu'à ses débuts pour Balzac.

Malgré toutes les études et réflexions préliminaires, lorsque sa plume se fraya un chemin jusqu'à la fin du livre, les feuilles furent toutes retournées et le premier manuscrit fut transformé en un second avec une patience et un soin inconcevables. D'innombrables corrections et entoilages, dans un premier temps, aboutirent finalement à des transpositions et des agrandissements qui métamorphosèrent l'ensemble de l'œuvre. Des pensées heureuses ont été sélectionnées au début du manuscrit et insérées là où elles pourraient avoir un meilleur effet à la fin. D'autres à la fin seraient déplacés vers le début ou vers le milieu. À un endroit, les chapitres seraient allongés jusqu'à trois ou quatre fois leur longueur initiale ; dans un autre, abrégé à quelques paragraphes ; dans un troisième, complètement supprimés ou transférés vers de nouveaux postes. Avec toute cette masse de modifications à chaque page, le manuscrit était enfin prêt à être imprimé. Même pour les yeux expérimentés de l'imprimerie, c'était désormais presque illisible. Le déchiffrer et le mettre sous une forme moyennement correcte a coûté une somme de patience et de peine qui a fatigué tous les meilleurs hommes de l'office, l'un après l'autre, avant que la première série de preuves puisse être soumise aux yeux de l'auteur. Quand ceux-ci furent enfin terminés, ils furent envoyés par gros bordereaux, et l'infatigable Balzac se mit aussitôt à l'œuvre pour réécrire tout le livre pour la troisième fois !

Il couvrait maintenant de nouvelles corrections, de nouvelles modifications, de nouveaux développements de ce passage et de nouveaux abrégés de celui-ci, non seulement les marges des épreuves tout autour, mais même les petits intervalles d'espace blanc entre les paragraphes. Des lignes qui se croisaient dans une confusion indescriptible étaient censées indiquer à l'imprimeur ahuri les différents endroits où devaient être glissées la multitude de nouvelles insertions. Si illisibles que fussent les manuscrits originaux de Balzac, ses épreuves corrigées étaient encore plus désespérément déroutantes. Les hommes d'élite du bureau, à qui seuls on pouvait les confier, frémissaient au nom même de Balzac, et se relevaient à intervalles d'une heure, au-delà desquels aucun imprimeur ne pouvait continuer à travailler sur l'universellement. des preuves exécrées et universellement inintelligibles. Les « révisions », c'est-à-dire les épreuves comportant les nouvelles modifications, furent ensuite mises en pièces à leur tour. Il en fallait deux, trois, et parfois quatre séries distinctes avant que l'autorisation de l'auteur puisse être obtenue pour mettre enfin sous presse le livre perpétuellement réécrit, et c'est ainsi qu'on en a fini avec lui. Il était littéralement la terreur de tous les imprimeurs et éditeurs ; et lui-même décrivait son processus de travail comme un malheur, d'autant plus déplorable qu'il s'agissait, dans son cas, d'une nécessité intellectuelle. « Je travaille seize heures sur vingt-quatre, dit-il, à l'élaboration de mon malheureux style ; et je ne suis jamais satisfait, moi, quand tout est fait.

En repensant aux années d'école de Balzac, lorsque son esprit souffrait du choc soudain et mystérieux qui a déjà été décrit à son endroit ; se souvenant que le caractère de son père était connu pour son excentricité ; observant le labeur prodigieux, la torture presque d'esprit que l'acte de production littéraire semble lui avoir coûté tout au long de sa vie, il est impossible de ne pas arriver à la conclusion que, dans son cas, il a dû y avoir quelque part une incomplétude fatale. dans la mystérieuse machine intellectuelle. Aussi magnifique qu'il ait été doté, l'équilibre des facultés de son esprit semble avoir été encore plus qu'habituellement imparfait. Selon cette théorie, ses difficultés sans précédent à s'exprimer en tant qu'écrivain, ainsi que ses erreurs, incohérences et mesquineries de caractère en tant qu'homme, ne deviennent, au moins, pas totalement inintelligibles. Selon toute autre théorie, toute explication à la fois de sa vie personnelle et de sa vie littéraire semble tout simplement impossible.

Telle était la plume périlleuse dont dépendait toute la destinée de M. Werdet . Si Balzac ne remplissait pas ponctuellement ses engagements, ou si sa santé se dégradait sous ses durs efforts littéraires, le décès commercial de son malheureux éditeur suivait l'un ou l'autre désastre, tout naturellement.

Au début, cependant, la situation semblait plutôt encourageante. Une fois terminé dans la Revue de Paris, "Le Lys dans la Vallée " fut réédité par Monsieur Werdet , qui avait assuré son intérêt dans l'ouvrage par une avance ponctuelle de six mille francs. De ce roman (le plus prisé en France de toutes les fictions de l'écrivain), deux cents exemplaires de la première édition restèrent invendus dans les deux heures qui suivirent sa parution. Ce succès sans précédent maintenait la tête hors de l'eau de Monsieur Werdet , et l'encourageait à espérer de grandes choses du prochain roman (« Séraphita »), qui était également commencé, périodiquement, dans la Revue de Paris. Mais avant qu'il ne soit terminé, Balzac et le rédacteur en chef de la Revue se sont disputés . L' éditeur, qui souffrait depuis longtemps, fut obligé d'intervenir et de payer l'argent perdu à l'auteur, obtenant en retour le roman incomplet et, avec lui, la promesse de Balzac de terminer l'ouvrage de ses propres mains. Cependant, les mois passèrent et pas une page de script de manuel ne fut produite. Un matin, à huit heures, au grand étonnement et à l'horreur de M. Werdet , Balzac fit irruption chez lui dans un état de désespoir sublime, pour lui annoncer que lui et son génie devaient, selon toute apparence, se séparer pour toujours.

"Mon cerveau est vide !" s'écria le grand homme. "Mon imagination est à sec ! Des centaines de tasses de café et deux bains chauds par jour n'ont rien fait pour moi. Werdet , je suis un homme perdu !"

L'éditeur pensait à sa caisse vide et restait pétrifié. L'auteur poursuit :

"Je dois voyager !" s'exclama-t-il distraitement. "Mon génie m'a fui, il faut que je le poursuive à travers montagnes et vallées. Werdet ! Il faut que je rattrape mon génie !"

Le pauvre M. Werdet suggéra faiblement un petit détour dans les environs immédiats de Paris, quelque chose qui équivalait à une belle promenade aérienne jusqu'à Hampstead au sommet d'un omnibus. Mais le génie fugitif de Balzac avait déjà, aux yeux de son propriétaire endeuillé, atteint Vienne ; et il annonça froidement son intention de se rendre ensuite dans la capitale autrichienne.

"Et qui finira ' Séraphita ' ?" demanda le malheureux éditeur. "Mon illustre ami, tu me ruines !"

" Au contraire, dit Balzac d'un ton persuasif, je fais votre fortune. A Vienne, je trouverai mon génie. A Vienne, j'achèverai Séraphita et un nouveau livre en plus. A Vienne, je rencontrerai un femme angélique qui m'admire — elle me permet de l'appeler « Carissima » — elle m'a écrit pour m'inviter à Vienne — je dois, je dois, je veux accepter cette invitation.

Ici, une connaissance ordinaire aurait eu une excellente occasion de dire quelque chose d'intelligent. Mais le pauvre M. Werdet n'était pas en mesure d'avoir de l'esprit ; et d'ailleurs il ne savait que trop bien ce qui allait suivre. Tout ce qu'il osa dire fut :

"Mais j'ai bien peur que vous n'ayez pas d'argent."

"Vous pouvez en élever", répondit son illustre ami. " Emprunter... déposer des fonds de commerce... rapporter-moi deux mille francs. Tout le reste, je peux le faire moi-même. Werdet , je louerai une chaise de poste ... je dînerai avec ma chère sœur... je partirai après dîner... je ne serai pas plus tard. plus de huit heures – clic clac ! » Et le grand homme exécuta une admirable imitation du claquement du fouet d'un postillon.

Il n'y avait d'autre ressource pour M. Werdet que de jeter le bon argent après le mauvais. Il leva les deux mille francs ; et Balzac partit pour attraper son génie fugitif, se prélasser en compagnie d'un ange féminin et battre monnaie sous forme de manuscrits.

Dix-huit jours après, une lettre parfumée de l'auteur parvenait à l'éditeur. Il avait pris son génie à Vienne ; il avait été magnifiquement reçu par l'aristocratie ; il avait terminé Séraphita et avait presque terminé l'autre livre ; son amie angélique, Carissima , aimait déjà Werdet d'après la description que Balzac en faisait ; Balzac lui-même fut l'ami de Werdet jusqu'à sa mort ; Werdet était son connétable Archibald ; Werdet devrait le revoir dans quinze jours ; Werdet monterait en calèche dans le bois de Boulogne, rencontrerait Balzac monté dans sa calèche, et verrait les ennemis des deux partis assister à ce spectacle magnifique et éclater de dépit. Enfin Werdet aurait la bonté de remarquer (en post-scriptum) que Balzac s'était encore pourvu d'une petite avance de quinze cents francs, reçue de Rothschild à Vienne, et avait donné en échange une traite à dix jours de vue sur son excellent éditeur. , sur son admirable et dévoué Archibald Constable.

Tandis que M. Werdet était encore prosterné sous l'effet de ce post-scriptum audacieux, un employé entra dans son bureau avec la facture identique. Il était tiré à un jour de vue au lieu de dix ; et l'argent était demandé immédiatement. L'éditeur était l'homme le plus patient ; mais il y avait même des limites à sa patiente endurance. Il emporta avec lui la lettre de Balzac et se rendit aussitôt au bureau du parisien Rothschild. Le grand financier le reçut avec bonté ; a admis qu'il devait y avoir eu une erreur; accordé la grâce de dix jours; et renvoya son visiteur avec cet excellent et sentencieux conseil :

"Je vous recommande de faire attention à ce que vous faites, monsieur, avec M. de Balzac. C'est un homme bien inconséquent."

Il était trop tard pour que M. Werdet se soucie de ce qu'il faisait. Il n'avait d'autre choix que de perdre son crédit ou de payer au bout de dix jours. Il a payé; et dix jours plus tard, Balzac revint, apportant avec lui de charmantes petites curiosités viennoises pour son estimé éditeur. M. Werdet a exprimé ses remerciements ; puis il s'enquit poliment de la conclusion de Séraphita et du manuscrit du nouveau roman.

Pas une seule ligne de l'un ou de l'autre n'avait été consignée sur papier.

La farce (sans doute la plus honteuse performance pour Balzac) n'avait pas encore eu lieu. Les reproches de l'éditeur semblent avoir enfin éveillé chez l'auteur quelque chose qui ressemble vaguement à un sentiment de honte. Il promit que « Séraphita », qui attendait sous presse depuis un an, serait terminé en une nuit. Il n'y avait que deux feuilles de seize pages chacune à écrire. Ils pouvaient avoir été réalisés soit chez l'auteur, soit chez l'éditeur, proche de l'imprimeur. Mais non, il n'était pas dans le caractère de Balzac de rater la moindre occasion de faire sensation quelque part. Son dernier caprice fut la volonté d'étonner les imprimeurs. Vingt-cinq compositeurs furent réunis à onze heures du soir, un lit et une table furent dressés pour l'auteur, ou, pour mieux dire, pour le saltimbanque littéraire, dans l'atelier ; Balzac arrive, en pleine inspiration, pour stupéfier les compagnons endormis en leur montrant à quelle vitesse il sait écrire ; et les deux feuilles furent magnifiquement complétées sur place. Pour couronner convenablement cette ridicule démonstration de charlatanisme littéraire, il suffit d'ajouter que, d'après les propres aveux de Balzac, les deux feuilles finales de Séraphita avaient été composées mentalement et soigneusement mémorisées pendant deux ans. avant d'affecter à les écrire de façon impromptue dans le bureau de l'imprimeur. Il semble impossible de nier que l'homme qui a pu agir de manière aussi outrageusement puérile devait être tout simplement fou. Mais que devient l'imputation quand on se souvient que ce fou même a produit des livres qui, par leur profondeur de pensée et leur merveilleuse connaissance de la nature humaine, comptent à juste titre parmi les gloires de la littérature française, et qui n'ont jamais été des œuvres plus vivantes et plus durables que ils le sont en ce moment ?

" Séraphita " a été publié trois jours après l'exposition absurde de l'auteur chez l'imprimeur. Dans ce roman, comme dans son prédécesseur, « Louis Lambert », Balzac a quitté son propre terrain de réalité et s'est envolé, sur les ailes de Swedishborg, dans une atmosphère d'obscurité transcendantale imperméable à tous les yeux ordinaires. Ce que signifiait le livre, l'éditeur du périodique dans lequel une partie de celui-ci parut à l'origine, n'a jamais pu l'expliquer. M. Werdet , qui l'a publié, avoue qu'il était dans le même état de mystification ; et l'auteur de cet article, qui a vainement tenté de le lire entièrement, désire ajouter, à cet endroit, sa propre reconnaissance modeste de son incapacité à éclairer le moins du monde les lecteurs anglais au sujet de « Séraphita ». Heureusement pour M. Werdet , la réputation de l'auteur était si grande auprès du public que le livre se vendit prodigieusement, simplement parce qu'il s'agissait d'un livre de Balzac. Le produit de la vente et les bénéfices tirés des nouvelles éditions des vieux romans gardèrent l'éditeur en perdition de la submersion absolue ; et il aurait même pu l'amener sain et sauf à terre, sans le poids mort toujours croissant des emprunts perpétuels de l'auteur, sur la garantie d'œuvres à venir qu'il n'a jamais produites.

Aucun succès commercial, aucun abnégation généreuse ne pourraient suivre le rythme des exigences de la vanité insatiable et de l'amour du spectacle de Balzac, à cette époque de sa vie. Il avait d'abord deux établissements ; tous deux magnifiquement meublés et l'un orné d'une précieuse galerie de tableaux. Il avait sa loge à l' Opéra français et sa loge à l'Opéra italien. Il avait un char et des chevaux, et un effectif de serviteurs. Les panneaux de la voiture étaient décorés des armes, et les corps des valets de pied étaient ornés des livrées de la noble famille de D'Entragues , à laquelle Balzac persistait à se déclarer allié, bien qu'il n'ait jamais pu produire les armes. moindre preuve à l'appui de cette affirmation. Quand il ne pouvait plus ajouter à la magnificence somptueuse de ses maisons, de ses dîners, de sa voiture et de ses domestiques ; quand il avait rempli ses chambres de toutes sortes de bibelots coûteux ; après avoir dépensé de l'argent pour toutes les extravagances connues que Paris extravagant peut fournir à l'inventaire des dépensiers, il eut l'idée toute nouvelle de se munir d'une canne comme le monde n'en avait jamais vu encore.

Sa première démarche fut de se procurer une canne splendide, qui fut envoyée au bijoutier , et qui était somptueusement surmontée d'un énorme pommeau d'or. L'intérieur du bouton était occupé par une mèche de cheveux offerte à l'auteur par une admiratrice inconnue. L'extérieur était constellé de tous les bijoux qu'il avait achetés et de tous les bijoux qu'il avait reçus en cadeau. Avec cette canne presque aussi grosse qu'un bâton de tambour-major, et toute flamboyante au sommet de rubis, de diamants, d'émeraudes et de saphirs, Balzac s'exhibait, dans un ravissement de vanité satisfaite, au théâtre et au public. promenades. La canne est devenue aussi célèbre à Paris que l'auteur. Madame de Girardin a écrit un petit livre pétillant sur la merveilleuse canne. Balzac était au septième ciel du bonheur ; Les amis de Balzac étaient soit dégoûtés, soit distraits, selon leur humeur. Un seul malheureux subit le châtiment inévitable de cette extravagance insensée : faut-il ajouter qu'il s'appelait Werdet ?

La fin des relations entre l'auteur et l'éditeur approchait désormais à grands pas. Toutes les instances, tous les reproches adressés à Balzac ne produisirent pas le moindre résultat. Même la détention dans une maison d'épongage, lorsque les créanciers découvrirent, avec le temps, qu'ils ne pouvaient plus attendre, passa comme un avertissement. Balzac n'emprunta plus d'argent qu'au moment où la clé lui fut tournée, donna un magnifique dîner en prison et laissa le pauvre éditeur, comme d'habitude, payer la note. Il fut extrait de la maison d'épongage avant d'y être resté trois jours ; et, pendant ce temps, il avait dépensé plus de vingt guinées pour des produits de luxe qu'il n'avait pas un sou à acheter. Il est inutile, il est même exaspérant de continuer à accumuler des exemples de cette sorte de prodigalité folle et cruelle : avançons rapidement jusqu'au bout. Un matin, M. Werdet fit le bilan avec son auteur, dès le début, et constata, malgré les gros profits produits par la plupart des ouvrages, que cinquante-huit mille francs étaient (pour reprendre sa propre expression) paralysés dans ses mains. par la vie que Balzac persistait à mener ; et que cinquante-huit mille autres pourraient bientôt être dans le même état, s'il les avait possédés pour avancer. Un riche éditeur aurait pu réussir à garder pied dans une crise comme celle-ci et à agir, pour le moment, sur des bases purement commerciales. Mais M. Werdet était un homme pauvre ; il s'était appuyé sur les promesses verbales de Balzac alors qu'il aurait dû exiger ses engagements écrits ; et il n'avait aucun moyen de faire appel à l'amour de l'auteur pour l'argent par des perspectives éblouissantes de billets de banque qui l'attendaient dans l'avenir, s'il choisissait honnêtement de gagner son droit à ces billets. En bref, il ne restait plus qu'une alternative, celle d'abandonner tout le but et l'ambition de la vie de libraire et de rompre résolument ses relations ruineuses avec Balzac.

Réduit à cette situation, poussé par la perspective d'engagements venant à échéance et qu'il n'avait aucun moyen apparent de remplir, M. Werdet répondit à la demande d'avance suivante par un refus catégorique et poursuivit cet acte de légitime défense sans exemple en parlant son esprit enfin, sans aucune mesure, à son illustre ami. Balzac devint cramoisi de colère réprimée et quitta la pièce. S'ensuivit une série de formalités commerciales, initiées par Balzac, en vue de rompre les liens entre son éditeur et lui, maintenant qu'il se trouvait qu'il n'y avait plus d'argent à gagner ; Monsieur Werdet étant, de son côté, parfaitement prêt à « signer, sceller et délivrer » dès que ses créances seraient dûment satisfaites en bonne et due forme.

Balzac n'avait plus qu'un moyen de faire face à ses obligations. Sa réputation personnelle avait disparu ; mais sa réputation littéraire resta aussi élevée que jamais, et il trouva bientôt un éditeur, disposant d'un capital important, prêt à négocier pour ses droits d'auteur. M. Werdet n'avait d'autre ressource que de vendre ou de faire faillite. Il se départit de tous les précieux droits d'auteur pour une somme de soixante mille et quelques francs, ce qui suffisait pour faire face à ses engagements les plus pressants. Certains des livres les moins populaires et les moins précieux qu'il conservait, pour l'aider, si possible, à faire face à ses obligations quotidiennes et personnelles. Quant à réaliser un profit absolu, ou même à conserver sa position d'éditeur, la simple idée d'obtenir l'un ou l'autre avantage a été rejetée comme un rêve vain. Le but pour lequel il avait tant travaillé et souffert si patiemment fut sacrifié à jamais, et il fut réduit à recommencer sa vie de voyageur rural pour une maison d'édition prospère. En ce qui concerne son objet principal d'existence, Balzac l'avait clairement et littéralement ruiné. Il est impossible de se séparer de M. Werdet , aussi imprudent et crédule qu'il paraît avoir été, sans un fort sentiment de sympathie, qui se renforce jusqu'à quelque chose comme une admiration positive quand on découvre qu'il n'a entretenu, dans sa vie après la vie, aucun sentiment hostile envers le l'homme qui l'avait traité si honteusement ; et quand nous le voyons, dans les Mémoires en cours, s'efforçant encore de tirer le meilleur parti de la conduite de Balzac, et écrivant encore sur lui en termes d'affection et d'estime jusqu'à la toute fin du livre.

Le reste de la vie de Balzac ne fut, en substance, que la lamentable répétition des fautes et des folies personnelles, des mérites et des triomphes littéraires, qui ont déjà trouvé leur trace dans ces pages. Les extrêmes de la vaine vanité et de l'extravagance sans principes alternaient encore, jusqu'au bout, avec les extrêmes du dur labeur mental et de l'étonnante productivité mentale. Bien qu'il ait trouvé de nouvelles victimes parmi des hommes nouveaux, il n'a plus jamais rencontré d'ami aussi généreux et indulgent que le pauvre éditeur dont il avait détruit la fortune. Les femmes, dont les impulsions en sa faveur étaient entretenues par leur admiration pour ses livres, s'accrochèrent jusqu'au bout à leur chéri gâté - l'une d'entre elles s'avança même pour le sauver d'une prison pour dettes, au prix du lourd sacrifice de payer la somme. toute la demande contre lui avec sa propre bourse. Dans tous les cas de ce genre, même lorsqu'il s'agissait d'hommes aussi bien que de femmes, ses moyens d'attraction personnels, lorsqu'il choisissait de les exercer, renforçaient immensément ses prétentions littéraires sur la sympathie et la bonne volonté des autres. Il semble avoir possédé au plus haut degré ces pouvoirs de fascination qui sont tout à fait indépendants de la simple beauté du visage et de la forme, et qui sont accordés de manière perverse et inexplicable dans l'abondance la plus somptueuse à l'humanité la plus sans principes. Le pauvre M. Werdet ne peut expliquer que la moitié de ses propres indiscrétions, en déclarant que son éminent ami l'a persuadé de les commettre. D'autres hommes plus sages se sont tenus à l'écart de Balzac, par pure méfiance à l'égard d'eux-mêmes. Les amis vertueux qui s'efforçaient de le réformer se retiraient de sa présence, déclarant que les réprouvés qu'ils étaient allés convertir avaient presque bouleversé leur équilibre moral dans une conversation matinale. Un homme littéraire éminent, qui était allé passer la journée avec lui pour discuter d'un ouvrage proposé, s'est précipité hors de la maison après une entrevue de deux heures, s'écriant pitoyablement : « L'imagination de cet homme est dans un état de délire, son discours a mis le feu aux poudres. mon cerveau était en ébullition – il m'aurait rendu fou si j'avais passé la journée avec lui ! Si les hommes ont été influencés de cette manière, il n'est pas étonnant que des femmes (dont l'estime de soi était délicatement flattée par la position éminente et fascinante qu'elles occupent dans tous ses livres) aient adoré un homme qui les adorait en public et en privé.

Son apparence personnelle aurait rappelé aux esprits anglais l'idée populaire du frère Tuck : il était le modèle même du moine conventionnel, gros, robuste, au visage rouge et joyeux. Mais il avait l'œil d'un homme de génie et la langue d'un certain personnage infernal, qu'on peut désigner largement, mais qu'il ne faut en aucun cas nommer clairement. Le chandelier de Balzac est peut-être assez maladroit ; mais une fois la bougie de Balzac allumée, les papillons de nuit s'y engouffraient, trop volontiers, de tous les points de l'horizon.

Le dernier acte important de sa vie fut, d'un point de vue mondain, l'une des choses les plus sages qu'il ait jamais faites. La dame qui l'avait invité à Vienne, et qu'il appelait Carissima , était l'épouse d'un riche noble russe. A la mort de son mari, elle affirma pratiquement son admiration pour son auteur préféré en lui offrant sa main et sa fortune. Balzac accepta les deux ; et retourna à Paris (d'où le respect de ses créanciers l'avait tenu éloigné ces derniers temps) un homme marié et un membre enviable de la classe riche de la société. Un avenir splendide s'ouvrait désormais devant lui, mais il s'ouvrait trop tard. Arrivé au terme de son ancien cursus, il vient de voir la nouvelle carrière le dépasser, et se laisse tomber sur le seuil de celle-ci. La forte constitution qu'il avait gaspillée sans pitié depuis plus de vingt ans finit par céder, au moment même où ses chances sociales paraissaient les plus brillantes. Trois mois après son mariage, Honoré de Balzac meurt, après d'indicibles souffrances, d'une maladie cardiaque. Il n'avait alors que cinquante ans. Sa vieille mère affectueuse, fière et au cœur brisé le tenait dans ses bras. C'est sur ce sein aimant qu'il avait poussé son premier souffle. Sur ce sein aimant, la tête fatiguée s'abaissa pour se reposer à nouveau, lorsque la vie sauvage, capricieuse, misérable et glorieuse fut terminée.

La sensation produite à Paris par sa mort ressemblait à celle produite à Londres par la mort de Byron. M. Carlyle a admirablement dit qu'il y a quelque chose de touchant dans la loyauté des hommes envers leur Souverain. Cette fidélité s'est manifestée avec le plus de tendresse lorsque Balzac n'était plus. Des hommes de tous rangs et de tous partis, qui avaient été choqués par son manque de principes et dégoûtés par sa vanité démesurée de son vivant, acceptaient désormais universellement l'expiation de sa mort prématurée et ne se souvenaient de rien d'autre que de la perte qui était arrivée à la littérature de France. Un grand écrivain n'était plus ; et un grand peuple se leva d'un commun accord pour l'emmener avec révérence et glorieuse dans sa tombe. L'Institut français, l'Université, les sociétés savantes, l'Association des auteurs dramatiques, les Facultés de droit et de médecine, envoyèrent leurs représentants défiler dans le cortège funèbre. Des lecteurs anglais, des lecteurs américains, des lecteurs allemands et des lecteurs russes gonflèrent l'immense assemblée de Français qui suivirent le cercueil. Victor Hugo et Alexandre Dumas faisaient partie des personnes en deuil qui ont soutenu le drap. Le premier de ces deux hommes célèbres prononça l'oraison funèbre sur la tombe de Balzac et caractérisa avec éloquence toute la série des œuvres de l'écrivain mort comme ne formant, en vérité, qu'un seul grand livre, le manuel de la civilisation contemporaine . Avec ce juste et généreux hommage au génie de Balzac, offert par le plus illustre de ses rivaux littéraires, ces quelques pages peuvent se terminer convenablement et gracieusement. Des misérables fragilités de l'homme, on en a suffisamment enregistré pour servir le premier de tous les intérêts, l'intérêt de la vérité. La partie la meilleure et la plus noble de lui-même n'appelle aucun autre commentaire de la part d'aucun écrivain. Cela nous reste dans ses œuvres, et il parle de lui-même avec une éloquence immortelle.

FRAGMENTS D'EXPÉRIENCE PERSONNELLE.—II.
MON MIROIR NOIR.

Tout le monde a-t-il entendu parler du docteur Dee, le magicien, et du spéculum noir ou miroir de charbon de bois, dans lequel il pouvait voir à volonté tout dans le vaste monde, et bien des choses au-delà ? Si tel est le cas, je peux me présenter à mes lecteurs de la manière la plus simple possible. Bien que je ne puisse pas prétendre être un descendant du Docteur Dee, je professe l'art occulte au point de conserver un miroir noir, fabriqué exactement sur le modèle de celui que possédait le vieil astrologue. Mon spéculum, comme le sien, est constitué d'un morceau ovale de charbon de bois, hautement poli, et posé sur un dos en bois avec une poignée pour le maintenir. Rien de plus simple que son apparence ; rien de plus merveilleux que ses capacités, à condition toujours que celui qui l'utilise soit un véritable adepte. Tout homme qui ne croit rien est un véritable adepte. Laissez-le prendre un morceau de charbon de bois, le polir soigneusement, le nettoyer avant utilisation avec un mouchoir de batiste blanc, se retirer dans un salon privé, invoquer le nom du docteur Dee, fermer les deux yeux un instant et les rouvrir brusquement. sur le miroir noir. S'il ne voit plus quelque chose qui lui plaît, passé, présent ou futur, alors qu'il s'en remette à cela, il y a une part ou un défaut d'incrédulité dans sa nature ; et la triste fin de sa carrière peut être considérée comme certaine. Tôt ou tard, il finira par n'être qu'un homme rationnel.

Moi qui n'ai pas la moindre parcelle de rationalité en moi ; Moi qui suis un adepte aussi fidèle que si j'avais vécu au bon vieux temps (« les Âges de la Foi », comme les a très justement appelés un autre adepte), je trouve un intérêt et une occupation incessants dans mon miroir noir. Pour tout ce que je veux savoir, et pour tout ce que je veux faire, je le consulte. Aujourd'hui même, par exemple (étant dans la situation de la plupart des autres habitants de Londres, à la saison actuelle), je pense quitter bientôt la ville. Mon temps d'absence est si limité et mes pérégrinations se sont étendues, chez moi et à l'étranger, dans tant de directions, que je ne peux guère espérer visiter de très belles scènes ou rassembler des expériences vraiment intéressantes et absolument nouvelles pour moi. Je dois aller dans un endroit que j'ai déjà visité ; et je dois, en ce qui concerne mes propres intérêts de vacances, veiller à ce que ce soit un endroit où je me suis déjà bien amusé, sans qu'un seul inconvénient à mon plaisir mérite d'être mentionné.

Dans ces circonstances, si j'étais un simple homme rationnel, que devrais-je faire ? Fatiguez ma mémoire pour m'aider à décider d'une destination, en me livrant mes souvenirs de voyages passés dans un long panorama - bien que je puisse dire par expérience que de toutes mes facultés, la mémoire est la moins utile au moment même où je veux le plus employer il. En tant que véritable adepte, je sais qu'il vaut mieux ne pas me donner des ennuis inutiles de ce genre. Je me retire dans mon salon privé , prends mon miroir noir, dis ce que je veux – et voilà ! à la surface du charbon de bois, l'image de mes anciens voyages défile devant moi, dans une succession de scènes de rêve. Je fais revivre mes expériences passées et j'en fais mon choix présent, d'après le témoignage de mes propres yeux ; et je puis ajouter, par celle de mes propres oreilles aussi : car les personnages de mes paysages magiques bougent et parlent !

Dois-je retourner sur le continent ? Oui. À quelle partie ? Supposons que je retourne en Italie autrichienne, dans le but de renouer avec ma familiarité avec certaines vues, bâtiments et images qui me ravissaient autrefois ? Mais permettez-moi d'abord de vérifier si j'avais à me plaindre de sérieux inconvénients en faisant la connaissance de cette partie du monde. Miroir noir! montre-moi ma première soirée en Italie autrichienne.

Un nuage s'élève sur la surface magique, s'y pose un moment et disparaît lentement. Mes yeux sont fixés sur le charbon du canal. Je ne vois rien, je n'entends rien du monde autour de moi. La première des scènes magiques devient visible. Je le vois comme dans un rêve. Fini le présent ignorant. Je suis de nouveau en Italie.

L'obscurité vient juste d'arriver. Je me vois regardant par la vitre latérale d'une voiture. Le roulement creux des roues s'est changé en un râle aigu, et nous sommes entrés dans une ville. Nous traversons une vaste place éclairée par deux lampes et une lueur réfléchie par la vitrine d'un café. Nous arrivons dans une longue rue, avec de lourdes arcades en pierre sous lesquelles les piétons peuvent passer. Tout semble sombre et confus ; des visions sinistres d'hommes masqués défilent, tous fumants ; des voix féminines aiguës s'élèvent au-dessus du bruit de nos roues, puis s'apaisent à nouveau en un instant. Nous nous arrêtons. Les cloches au cou des chevaux sonnent leur dernier petit carillon de la nuit. Une main graisseuse ouvre la portière et m'aide à descendre les marches. Je me trouve sous une arcade, avec une obscurité totale devant moi, avec un homme souriant tenant une bougie de suif flamboyante à mes côtés, et des spectateurs de la rue qui regardent silencieusement derrière moi. Ils portent des chapeaux à haute couronne et des manteaux marron, les étouffant mystérieusement jusqu'au menton. Des brigands, évidemment. Passez, scène ! Je suis un homme paisible et je n'aime pas qu'on soupçonne un stylet, même dans un rêve.

Montre-moi mon salon. Où ai-je dîné et comment lors de ma première soirée en Italie autrichienne ?

Je suis en présence de deux serveurs joyeux, avec deux bougies allumées. L'une consiste à allumer les lampes ; l'autre met le feu aux broussailles et aux bûches dans la caverne parfaite d'un foyer. Où suis-je, maintenant qu'il y a beaucoup de lumière pour voir ? Apparemment dans une salle de banquet de cinquante pieds de long sur quarante de large. Ceci est mon salon privé, et je dois y prendre mon petit dîner tout seul. Laissez-moi regarder autour de moi avec attention pendant que le repas se prépare. Au-dessus de moi se trouve un plafond voûté peint, tout vivant d'Amours roulant sur les nuages et dispersant des roses perpétuelles sur la tête des voyageurs . Autour de moi se trouvent des paysages classiques de l'école qui offrent au spectateur des arbres en forme de parapluie, des océans verts et calmes et des premiers plans rampants de déesses dansantes. En dessous de moi se trouve quelque chose d'élastique sur lequel marcher, qui sent très bon la vieille paille, ce qui est effectivement le cas, recouvert d'une fine drogue . Ceci est humainement destiné à me protéger du froid du sol en pierre ou en brique, et constitue une concession aux préjugés anglais en matière de confort. Puissé-je en être reconnaissant et ne pas prêter attention aux puces, même si elles rampent déjà sur mes jambes à cause de la paille et de la drogue !

Qu'est-ce que je vois ensuite ? Dîner sur table. Une soupe terne , qui demandera beaucoup d'épaississement avec du parmesan râpé, et cinq plats tout autour. Truite frite à l'huile, roulé de bœuf trempé dans une succulente sauce brune, poulet rôti au cresson, gâteaux carrés avec de la viande hachée à l'intérieur, pommes de terre sautées, tous excellents. C'est vraiment de la bonne cuisine italienne : elle est plus fantaisiste que l'anglaise et plus solide que la française. Il n'est pas gras et aucun des plats frits n'a le moindre goût d'huile de lampe. Le vin est bon aussi – effervescent, sentant le raisin muscat, et seulement dix-huit pence la bouteille. Le deuxième plat fait plus que soutenir le caractère du premier. De petits oiseaux brunis qui ressemblent à des alouettes, leurs poitrines rebondies recouvertes succulentes d'une couverture de bacon gras, leurs dos tendres reposant sur des lits de rôties savoureuses , - un ragoût de pigeon, - une génoise, - des poires au four. Où trouver un meilleur dîner ou un serveur plus agréable à servir à table ? Il n'est ni servile ni familier, et est toujours prêt à occuper toute l'attention superflue que j'ai à consacrer avec toutes les bavardages qu'il y a en lui. Il n'a, en fait, qu'un seul défaut, et celui-ci consiste dans sa manière très vexatoire et inexplicable de varier la langue dans laquelle il communique avec moi.

Je parle français et italien, et il parle aussi français ainsi que sa propre langue. Mais naturellement, lorsque je m'adresse à lui, je choisis l'italien, car c'est sa langue maternelle. Il comprend parfaitement ce que je lui dis, mais il me répond en français. Je pense, à ce sujet, qu'il souhaite peut-être, comme le reste d'entre nous, montrer le moindre morceau de savoir qu'il a acquis, ou qu'il peut penser que je comprends mieux le français que l'italien, et que je peux être poliment soucieux de me rendre notre colloque aussi facile que possible. En conséquence, je lui fais plaisir et je passe au français la prochaine fois que je parle. A peine les mots sont-ils sortis de ma bouche que, avec une perversité inexplicable, il me répond en italien. Tout au long du dîner, je m'efforce de lui faire parler la même langue que moi, mais, à part de temps en temps quelques phrases insignifiantes, je n'y parviens jamais. Quel est le sens de ce jeu de balançoire philologique avec moi ? Les gens d'ici poussent-ils réellement la politesse nationale jusqu'à flatter l'étranger en lui accordant le monopole tranquille de la langue dans laquelle il choisit de leur parler ? Je ne puis l'expliquer, et le dessert me surprend au milieu de mes perplexités. Encore quatre plats ! Parmesan, macarons, poires et figues vertes. Avec ceux-ci et une autre bouteille de vin effervescent , comme la soirée se déroulera brillamment au coin du feu de bois ! Je ne peux sûrement pas faire mieux que de retourner en Italie autrichienne, après avoir reçu un premier accueil comme celui-ci. Dois-je déposer le charbon de bois et me décider sans plus attendre à rendre une seconde visite au pays qui est acclamé par ma confortable auberge ? Non, pas trop vite. Laissez-moi essayer l'effet d'une ou deux scènes supplémentaires de mon expérience de voyage passée dans cette division particulière de la péninsule italienne avant de me décider.

Miroir noir! comment ai-je terminé ma soirée dans cette auberge confortable ?

Le nuage passe à nouveau, lourd et épais cette fois, sur la surface du miroir - se dissipe lentement - me montre moi-même somnolent luxueusement près des braises rouges avec une bouteille vide à mes côtés. Une porte qui s'ouvre brusquement me réveille ; le propriétaire de l'auberge s'approche, pose sur la table un long livre d'aspect officiel et me tend une plume et de l'encre. Je demande d'un air maussade ce que j'ai envie d'écrire à cette heure de la nuit, alors que je suis en train de digérer mon dîner. Le propriétaire répond respectueusement que je suis tenu de donner à la police un compte rendu complet, véridique et particulier de moi-même. Je m'approche de la table, trouvant cette demande plutôt absurde, car mon passeport est déjà entre les mains des autorités. Cependant, comme je suis dans un pays despotique, je garde mes pensées pour moi, j'ouvre une page blanche du livre d'aspect officiel, je vois qu'elle est divisée en colonnes, avec des titres imprimés, et je constate que je ne comprends plus ce qu'elles signifient. que je ne comprends un papier d'impôt à la maison, avec lequel, soit dit en passant, la page blanche présente une ressemblance générale frappante. Les titres sont des mots techniques officiels, que je rencontre pour la première fois dans le discours italien. Je suis obligé de faire appel au propriétaire poli, et, grâce à son aide, je comprends peu à peu ce que la police autrichienne veut de moi.

La police a besoin de savoir, avant de me laisser partir tranquillement demain, d'abord : quel est mon nom en toutes lettres ? (Réponse assez simple.) Deuxièmement, quelle est ma nation ? (Britannique, et ravi de le jeter dans les dents des tyrans continentaux.) Troisièmement, où suis-je né ? (À

Londres – paroisse de Marylebone – et j'aimerais que ma sacristie natale sache comment les autorités autrichiennes m'utilisaient.) Quatrièmement, où est-ce que j'habite ? (À Londres, encore une fois – et j'ai à moitié envie d'écrire au Times à propos de cette nuisance avant d'aller me coucher.) Cinquièmement, quel âge ai-je ? (Mon âge est ce qu'il a été depuis sept ans, et ce qu'il restera jusqu'à nouvel ordre : vingt-cinq exactement.) Et ensuite ? Par tout ce qui est curieux, voici la police qui veut savoir (Sixièmement) si je suis marié ou célibataire ! Propriétaire, quel est l'italien pour Bachelor ? "Écrivez Nubile, signor." Nubile? Cela signifie Marriable. Permettez-moi de remarquer, mon bon monsieur, que c'est la définition du célibataire pour une femme, et non pour un homme. Peu importe, laissez tomber. Et ensuite ? (Ô despotes méfiants ! et ensuite ?) Septièmement, quelle est ma condition ? (Excellent état, certes, plein de roulés de bœuf, d'alouettes grillées et de vin effervescent. État ! Qu'est-ce qu'ils veulent dire par là ? Profession, n'est-ce pas ? Je n'en ai pas. Que dois-je écrire ? " Écrivez Propriétaire, signor. » Très bien ; mais je ne sais si je suis propriétaire que des vêtements dans lesquels je me tiens : ma malle même a été empruntée à un ami.) Huitièmement, d'où viens-je ? Neuvièmement, où vais-je ? Dixièmement, quand ai-je obtenu mon passeport ? Onzièmement, où ai-je obtenu mon passeport ? Douzièmement, qui m'a donné mon passeport ? Y a-t-il jamais eu une série de questions aussi monstrueuses à adresser à un homme inoffensif et oisif, qui ne veut que parcourir l'Italie tranquillement dans une chaise de poste ! Est-ce qu'on attrape Mazzini, le propriétaire, avec toutes ces précautions ? Non : ils ne font que *m'attraper*. Là! là! rapportez votre carnet de voyage à la police. Il est certain qu'une méfiance aussi infondée à l'égard de mon caractère, comme le suggère la production de ce volume à ma table, constitue un sérieux inconvénient au plaisir de voyager dans l'Italie autrichienne. Dois-je abandonner immédiatement toute idée d'y retourner, dans mon propre caractère innocent ? Non; permettez-moi de prendre une décision délibérée ; laissez-moi tenter patiemment l'expérience de regarder une scène supplémentaire du passé.

Miroir noir! comment ai-je voyagé en Italie autrichienne après avoir payé ma facture le matin et quitté ma confortable auberge ?

La nouvelle scène de rêve me montre à nouveau le soir. J'ai rejoint un autre voyageur anglais pour prendre un véhicule qu'ils appellent une calèche . C'est une sorte de chaise à porteurs à roulettes, avec des rideaux et des coussins en cuir gras. Aux jours de sa prospérité et de sa jeunesse, il aurait pu être un carrosse d'État et aurait pu transporter Sir Robert Walpole à la cour, ou l' abbé Dubois à un souper avec le régent d'Orléans. Il est conduit par un grand postillon cadavérique, voyou , avec ses vêtements tout en haillons, et sans une étincelle de pitié pour ses misérables chevaux. Ça sent mauvais, ça a mauvaise apparence, ça va mal ; et des secousses, des craquements et des vacillements comme s'il allait s'effondrer complètement, quand il s'arrête brusquement sur un pavé de pierre rugueux devant un relais de poste solitaire, juste au moment où le soleil se couche et la nuit se couche.

Le maître de poste sort pour surveiller l'attelage des chevaux frais. Il est ivre, familier et confidentiel ; il apostrophe d'abord la calèche avec des injures méprisantes, puis me prend mystérieusement à part et déclare que toute la grande route qui mène à notre destination du matin fourmille de voleurs. Il semble donc que la police autrichienne réserve toute sa vigilance aux voyageurs innocents et laisse les coquins locaux sans aucune inquiétude. Je fais cette réflexion, et demande au maître de poste ce qu'il nous recommande de faire pour la protection de nos valises qui sont attachées au toit de la calèche . Il répond qu'à moins que nous prenions des précautions particulières, les voleurs se lèveront derrière, sur notre marchepied fou, et couperont les malles du toit de notre triste carrosse, à la faveur de la nuit, tandis que nous serons tranquillement assis à l'intérieur. , ne voyant et ne se doutant de rien. Nous nous exprimons immédiatement prêts à prendre toutes les précautions que quiconque aurait la gentillesse de nous suggérer. Le maître de poste cligne de l'œil, pose malicieusement son doigt sur le côté de son nez et donne un ordre inintelligible dans le patois du quartier. Avant que j'aie le temps de lui demander ce qu'il va faire, tout oisif du relais de poste qui peut grimper, escalade le sommet de la calèche , et tout oisif qui ne le peut pas se tient debout en rugissant et en gesticulant en bas, une bougie allumée à la main.

Alors que le brouhaha est à son comble, une calèche rivale s'avance soudain au milieu de nous, sous la forme d'un énorme orgue de Barbarie sur roues, et éclate terriblement dans l'obscurité avec la grande marche de Semiramide , jouée avec la plus grande intensité. fureur du tambour, de la cymbale et des jeux de trompette. Le bruit est si ahurissant que mon compagnon de voyage et moi nous réfugions dans notre voiture, fermons les yeux, bouchons nos oreilles et nous abandonnons au désespoir. Au bout d'un moment, nos coudes sont agités, et une ficelle chacune nous est donnée par chaque fenêtre. Nous sommes informés par des cris, accompagnés farouchement de la grande marche, que les ficelles sont attachées à nos valises en haut ; que nous devons garder les détails autour de nos index toute la nuit ; et qu'au moment où nous sentons un remorqueur, nous pouvons être tout à fait certains que les voleurs sont à l'œuvre et que nous pouvons nous sentir justifiés d'arrêter la voiture et de nous battre pour nos bagages sans plus tarder. Sous ces agréables auspices, nous recommençons, les ficelles aux index. Nous nous sentons comme des hommes sur le point de sonner la cloche, ou comme des hommes engagés dans la pêche en haute mer, ou comme des hommes sur le point de tirer le cordon d'une douche. Cinquante fois au moins, au cours de l'étape suivante, chacun de nous est certain de ressentir un tiraillement, et passe la tête agitée par la fenêtre, ne voit absolument rien, et retombe épuisé d'excitation dans un coin de la calèche . Toute la nuit, cette usure de nos nerfs continue ; et pendant toute la nuit (grâce probablement à nos têtes incessantes sortant des fenêtres), pas le fantôme d'un voleur ne s'approche de nous. Nous commençons enfin à penser que ce serait un soulagement d'être volé – presque à douter de la politique consistant à résister à toute main miséricordieuse et larcineuse tendue pour nous sauver de l'encombrement de nos propres bagages. L'aube du matin nous trouve alanguis et hagards, avec les maudits cordons de valise qui pendaient inaperçus au fond de la calèche . Et cela nous fait plaisir ! Il s'agit d'un incident de voyage en Italie autrichienne ! Fidèle Black Mirror, acceptez mes remerciements. L'avertissement des deux dernières scènes de rêve que vous m'avez montrées ne doit pas être ignoré. Quelle que soit l'autre direction que je prendrai lorsque je sortirai de la ville pour la saison en cours, je sais au moins une route que j'éviterai : la route qui mène à l'Italie autrichienne.

Dois-je rester sur le versant nord des Alpes et voyager un peu, disons, en Suisse allemande ? Miroir noir! comment ai-je vécu lors de mon dernier séjour dans ce pays ? Ai-je aimé mon expérience d'introduction dans ma première auberge ?

La vision change et me ramène à l'extérieur d'une salle de divertissement public ; un grand hôtel blanc, propre, à la façade lisse et à l'aspect opulent – un bâtiment très différent de mon auberge italienne crasseuse et caverneuse. A la porte de la rue se tient le propriétaire. C'est un petit homme maigre et rose, tout de noir vêtu, qui ressemble à un maître des pompes funèbres. Je constate qu'il ne s'avance ni ne sourit lorsque je descends de voiture et demande une chambre. Il me donne la réponse la plus courte possible, donne des instructions gutturales à un serveur, puis regarde de nouveau dans la rue et, avant que je lui ai même tourné le dos, oublie aussitôt mon existence. La vision change à nouveau et m'emmène à l'intérieur de l'hôtel. Je suis un serveur à l'étage : l'homme a l'air sincèrement désolé de me voir. Dans le couloir de la chambre, nous trouvons une femme de chambre endormie, la tête sur une table. Elle est réveillée ; ouvre une porte avec un gémissement et me lance un regard de reproche lorsque je dis que la chambre fera l'affaire. Je descends dîner. Deux serveurs s'approchent de moi, en protestation, et ont l'air sur le point de me prévenir chaque fois que je leur demande de changer d'assiette. Au deuxième service, le propriétaire entre, se lève et me regarde attentivement et silencieusement, les mains dans les poches. C'est peut-être sa manière de s'assurer que mon dîner est bien servi ; mais cela ressemble beaucoup plus à sa façon de voir que je ne retire aucune cuillère de sa table. Je suis irrité par les regards grossiers et les sourcils froncés de tout le monde autour de moi, et je m'exprime avec force au sujet de ma réception à l'hôtel avec un voyageur anglais dînant près de chez moi.

Le voyageur anglais est un de ces hommes exaspérants qui sont toujours prêts à supporter les injures, et il explique froidement la conduite dont je me plains, en me disant que c'est le résultat de l'honnêteté brutale des indigènes, qui ne peuvent prétendre s'intéresser à moi qu'ils ne ressentent pas vraiment. Qu'importe les sentiments du propriétaire impassible et des serveurs boudeurs ? J'exige d'eux une apparence extérieure réconfortante – la substance intérieure n'a pas la moindre importance pour moi. Lorsque je voyage dans des pays civilisés , j'ai besoin d'un accueil à mon auberge qui amusera agréablement et chatouillera doucement toute la région autour de mon organe d'estime de soi. Une honnêteté brutale, trop véridique pour prétendre être heureuse de me voir, ne montre aucune intégrité correspondante - comme ma propre expérience me l'apprend dans cet hôtel même - quant aux capacités de ses bouteilles de vin, mais me donne une pinte et me facture le prix. un litre dans la facture, comme le reste du monde. L'honnêteté brutale, bien qu'il soit trop brutalement sincère pour paraître civilement affligé et sympathique quand je dis que je suis fatigué après mon voyage, n'hésite pas à se réchauffer et à me présenter, fraîchement habillé, un Mathusalem de canard cuit. plusieurs fois, il y a plusieurs jours, et payé, mais non mangé, par mes prédécesseurs voyageurs. L'honnêteté brutale m'escroque selon toutes les lois prédatrices établies du code du propriétaire, mais recule devant l'aimable duplicité de me flatter affectueusement devant moi tout en haut des escaliers lorsque je me présente pour la première fois pour être escroqué. Fini cette détestable sincérité ! Fini l'honnêteté qui brutalise les manières d'un propriétaire sans réformer ses bouteilles ni ses factures ! Fini mon hôtel germano-suisse et le cynique extorqueur qui le tient ! Que d'autres rendent hommage s'ils le veulent à ce rustre en habit d'aubergiste, couleur de mon argent, qu'il ne reverra plus jamais.

Supposons que j'évite la Suisse allemande et que j'essaye la Suisse proprement dite ? Miroir! comment ai-je voyagé la dernière fois que je me suis retrouvé du côté suisse des Alpes ?

La nouvelle vision m'éloigne même de la vue la plus lointaine d'un hôtel quel qu'il soit, et me place dans un pays de montagne sauvage où le bout d'un chemin accidenté se perd dans le lit sec d'un torrent. Je suis assis dans une drôle de petite boîte à roulettes, appelée Char, tirée par un mulet et une jument, et conduite par un cocher jovial en blouse bleue. J'ai à peine le temps de regarder avec inquiétude le lit asséché du torrent, que le Char s'y plonge. Rapidement et imprudemment, nous frappons des rochers et des pierres, des pentes et des pentes qui ébranleraient le plus robuste carrosse anglais, renverseraient les chevaux anglais les mieux élevés, sans parler du cocher anglais le plus connaisseur. Jovial Blue Blouse, chantant comme un rossignol, avance malgré tous les obstacles - le mulet et la jument se précipitent comme si le voyage était pour eux la grande jouissance de la journée - le Char craque, se déchire, se balance, se heurte et chancelle. , mais dédaigne, comme il convient à un petit véhicule de montagne robuste, de se renverser ou de se briser. Quand nous ne sommes pas parmi les rochers, nous roulons et nous soulevons dans des marécages de boue noire et de sable, comme un hareng hollandais dans une houle de fond. Tout cela ne fait qu'un avec Blue Blouse, avec la mule et la jument. Ils sont tout aussi prêts à se traîner dans les marécages qu'à se précipiter sur les rochers ; et quand nous arrivons de temps à autre sur un terrain non encombré, ils se dédommagent toujours des privations et des fatigues passées en galopant comme des fous. Quant à mes propres sensations en tant que passager du Char, elles ne sont pas, physiquement parlant, des plus agréables possibles. Je ne peux me maintenir à l'intérieur de mon véhicule qu'à force de tenir fermement à deux mains tout ce que je trouve à saisir ; et je suis tellement secoué dans toute mon anatomie que mes mâchoires claquent à nouveau et que mes pieds font un tatouage perpétuel sur le bas du Char. N'ai-je trouvé aucune méthode de voyage plus calme et plus réfléchie que celle-ci, je me le demande, lors de mon dernier séjour en Suisse ? Dois-je me résoudre à être à moitié ébranlé si j'ai l'audace d'y retourner ?

La surface du Black Mirror est à nouveau obscurcie. Le temps s'éclaircit et la vision est maintenant celle d'un chemin au bord d'un précipice. Un mulet suit le chemin et je suis le voyageur aventureux qui chevauche le dos de la bête. La première observation qui me vient à l'esprit dans ma nouvelle position est que les mules méritent amplement leur réputation d'obstination, et que, à l'égard de l'animal particulier sur lequel je monte, moins je le dérange et plus je me conduis comme si j'étais un bât sur son dos, mieux nous serons sûrs de nous entendre.

Porter des bâts est sa principale activité dans la vie ; et bien qu'il m'ait vu monter sur le dos, il persiste à me traiter comme si j'étais un ballot de marchandises, en marchant à l'extrême bord du précipice, pour ne courir aucun risque de frotter son chargement contre le coffre-fort, ou montagne, côté du chemin. En cela et en d'autres choses, je trouve qu'il est victime de la routine et esclave de l'habitude. Il a une façon de s'arrêter net, de se placer dans une position inclinée et de se plonger dans une profonde méditation aux détours les plus difficiles des routes sauvages de montagne. J'imagine d'abord qu'il peut s'arrêter de cette manière brusque et gênante pour reprendre son souffle ; mais alors il ne s'efforce jamais de fatiguer ses poumons le moins du monde, et il s'arrête sur les principes les plus déraisonnablement irréguliers, parfois deux fois en dix minutes, parfois pas plus de deux fois en deux heures, évidemment au moment même où ses nouvelles idées se présentent. pour absorber ou non son attention. Cela fait partie de son caractère exaspérant dans ces moments-là, de toujours se plonger dans la réflexion là où le bâton du muletier n'a pas la place de l'atteindre avec le moindre effet ; et où, l'accusant de coups étant hors de question, l'accuser de langage injurieux est le seul autre moyen disponible pour le faire monter. Je trouve qu'il se révèle généralement sensible à l'influence d'épithètes injurieuses après s'être entendu insulter cinq ou six fois. Une fois, sa nature obstinée cède, même au troisième appel. Il vient de s'arrêter avec moi sur le dos, pour s'amuser, à un endroit dangereux du chemin, à réfléchir un peu dans une position fortement inclinée ; et il devient donc urgent de l'abuser pour qu'il agisse immédiatement. D'abord, le muletier l'appelle Serpent : il ne bouge jamais d'un pouce. Deuxièmement, le muletier l'appelle Grenouille : il continue imperturbablement sa méditation. Troisièmement, le muletier rugit avec indignation : Ah sacré nom d'un Butor ! (qui, interprété à l'aide de mon dictionnaire anglo-français, signifie apparemment, Ah, nom sacré de Muddlehead !) ; et à cette adjuration extraordinaire, la bête relève aussitôt le nez, secoue les oreilles et continue son chemin avec indignation.

Dans ces circonstances, monter à dos de mule est certainement une méthode de voyage aventureuse et amusante, et vaut la peine d'être essayée pour une fois, d'une certaine manière ; mais je ne suis pas du tout sûr d'en jouir une seconde fois, et j'ai des doutes à ce sujet, sans parler de ma crainte d'un second voyage cahoteux en Char, sur l'opportunité d'entreprendre un autre voyage en Suisse. pendant la saison étouffante actuelle. Il serait peut-être plus sage d'essayer l'effet d'une nouvelle scène du passé, représentant une visite antérieure dans une autre localité, avant de me risquer à prendre une décision. J'ai rejeté l'Italie autrichienne et la Suisse allemande, et j'ai des doutes sur la Suisse proprement dite. Supposons que je fasse mon devoir de patriote et que je donne aux attraits de mon propre pays une bonne chance de faire appel aux influences passées de la sorte agréable, qu'ils ont pu exercer sur moi ? Miroir noir! la dernière fois que j'étais touriste chez moi, comment me déplaçais-je d'un endroit à l'autre ?

Le nuage sur la surface magique s'élève lentement et majestueusement, comme la levée d'un brouillard en mer, et révèle un petit salon, avec une lucarne et un rideau rose tiré dessus pour empêcher le soleil d'entrer. Une étagère lumineuse fait le tour de cette petite chambre de fée, juste en dessous du plafond, là où se trouverait la corniche dans les pièces plus hautes. Des canapés s'étendent le long du mur de chaque côté, et des armoires en acajou remplies de bonnes choses se nichent confortablement aux quatre coins. La table est égayée de bouquets ; la tablette de la cheminée est entourée d'une élégante rampe ; et le miroir au-dessus est juste assez grand pour refléter convenablement le visage et les épaules de toute dame qui se donnerait la peine de le regarder. Les habitants actuels de la pièce sont trois messieurs, romans et journaux à la main, s'installant en blouses, robes de chambre et pantoufles. Ils se reposent sur les canapés avec des fruits et du vin à portée de main – et l'un des invités me ressemble beaucoup au possesseur enviable du Black Mirror. Ils offrent un spectacle de luxe qui ferait frémir de dégoût un ancien Spartiate ; et, dans un appartement voisin, leur orchestre les accompagne, sous la forme d'une boîte à musique qui joue en ce moment la dernière scène de Lucia di Lammermoor.

Écoutez ! quels sons se mêlent aux notes de la belle musique de Donizetti, tantôt s'élevant sublimement dessus, tantôt s'éteignant dessous, doucement et plus doucement encore ? Notre doux air d'opéra prendra fin, notre musique jouera pendant le court temps qui lui est destiné, puis se taira à nouveau ; mais ces sons plus glorieux continueront avec nous jour et nuit, continueront à gonfler et à descendre inépuisablement, longtemps après que nous et tous ceux qui nous connaissent, nous aiment et se souviennent de nous, auront quitté cette terre pour toujours . C'est le bruit des vagues qui nous accompagne désormais en grand partout où nous allons. Nous sommes en mer à bord d'un yacht goélette, et prenons notre plaisir le long des côtes sud de la côte anglaise.

Oui, pour tout homme qui peut être sûr de son estomac, c'est le vrai luxe du voyage, le vrai secret pour profiter pleinement de tous les attraits du déplacement d'un endroit à l'autre. Partout où nous allons, nous emportons avec nous notre maison élégante et confortable. Nous pouvons nous arrêter où nous voulons, voir ce que nous aimons et toujours revenir dans notre coin préféré sur le canapé, toujours poursuivre nos occupations et nos divertissements préférés , tout en continuant à voyager, en nous dirigeant toujours vers de nouvelles scènes. Il n'y a pas de précipitation pour s'adapter aux heures de départ des autres, pas de bousculade pour trouver des places, pas de surveillance fastidieuse pour les bagages. Il n'y a ici aucune inquiétude au sujet de lits étrangers, car n'avons-nous pas chacun notre propre petite cabane dans laquelle nous blottir la nuit ? Aucune dépendance agitée, à l'heure du dîner, aux caprices de cuisiniers étrangers, car n'avons-nous pas notre propre garde-manger somptueux. toujours à revenir, notre propre artiste culinaire accompli et fidèle, toujours prêt à répondre à nos goûts particuliers ? Nous pouvons marcher et dormir, nous lever ou nous allonger à notre guise, dans notre calèche flottante. Nous pouvons tracer notre propre route et ne pénétrer nulle part. Les ennuis que nous redoutons, les lettres auxquelles nous ne voulons pas répondre, ne peuvent pas nous suivre et nous agacent. Nous sommes les voyageurs les plus libres sous le Ciel ; et nous trouvons quelque chose qui nous intéresse et nous attire à chaque heure de la journée. Les navires que nous rencontrons, le réglage de nos voiles, les variations du temps, les innombrables changements éternels de l'océan, offrent une occupation constante aux yeux et aux oreilles. Malade, en effet, ça doit être diffamatoire voyageur qui, le premier, a qualifié la mer de monotone, malade à mort, et peut-être aussi frère né de cet autre voyageur de mauvaise renommée, le premier homme qui a voyagé de Dan à Beer Sheva et a trouvé tout stérile.

Repose-toi donc un moment au chômage, mon fidèle Black Mirror ! La dernière scène que vous m'avez montrée suffit à répondre au but pour lequel je vous ai pris. Je ne peux pas dire vers quel point de la boussole je pourrai me tourner après avoir quitté Londres ; mais ce que je sais, c'est que mes prochains chevaux de poste seront les vents, mes prochaines étapes les villes côtières, ma prochaine route à travers les vagues ouvertes. Je serai à nouveau un voyageur maritime et je retarderai la reprise de mes voyages terrestres jusqu'à l'arrivée de la période de temps la plus obligeante de toutes : une opportunité future.

CROQUIS DE CARACTÈRE.—III.
MME. BADGERIE.

[Tiré de la Vie. Par un gentleman sans sensibilité.]

Y a-t-il une loi en Angleterre qui me protégera de Mme Badgery ?

Je suis célibataire et Mme Badgery est veuve. Ne suppose pas qu'elle veuille m'épouser ! Elle ne veut rien de tel. Elle n'a pas tenté de m'épouser ; elle ne penserait pas à m'épouser, même si je le lui demandais. Comprenez, s'il vous plaît, d'emblée, que mon grief à l'égard de cette veuve est un grief d'un genre entièrement nouveau.

Permettez-moi de recommencer. Je suis célibataire d'un certain âge. J'ai un large cercle de connaissances ; mais je déclare solennellement que feu M. Badgery n'a jamais été inscrit sur la liste de mes amis. Je n'ai jamais entendu parler de lui de ma vie; Je n'ai jamais su qu'il avait laissé une relique ; Je n'ai jamais vu Mme Badgery jusqu'à un matin fatal où je suis allé voir si les installations allaient bien dans ma nouvelle maison.

Ma nouvelle maison est dans la banlieue de Londres. Je l'ai regardé, je l'ai aimé, je l'ai pris. Je l'ai visité trois fois avant d'y envoyer mes meubles. Une fois avec un ami, une fois avec un géomètre, une fois seul, pour jeter un œil aigu, comme je l'ai déjà laissé entendre, sur les installations. La troisième visite marqua l'occasion fatale où je vis pour la première fois Mme Badgery . Cet événement suscite un profond intérêt et j'entrerai dans les détails en le décrivant.

Je sonnai à la porte du jardin. La vieille femme chargée de tenir la maison y répondit. J'ai directement vu quelque chose d'étrange et de confus dans son visage et ses manières. Certains hommes auraient réfléchi un peu et l'auraient interrogée. Je suis de nature impétueuse et hâtive dans les conclusions. « Ivre », me suis-je dit, et je suis entré dans la maison parfaitement satisfait.

J'ai regardé dans le salon de devant . La grille va bien, la tringle à rideau va bien, le lustre à gaz va bien. J'ai regardé dans l'arrière- salon – idem, idem, idem, comme nous disons, hommes d'affaires. J'ai monté les escaliers. Store sur la vitre arrière, n'est-ce pas ? Oui; store sur vitre arrière droite. J'ai ouvert la porte du salon de devant, et là, assise au milieu du sol nu, se trouvait une grande femme sur un petit tabouret de camping ! Elle était vêtue du plus profond deuil ; son visage était caché par le voile de crêpe le plus épais que j'aie jamais vu ; et elle gémissait doucement dans la solitude désolée de ma nouvelle maison non meublée.

Qu'est-ce que j'ai fait? Faire! J'ai rebondi sur le palier comme si j'avais été abattu, en poussant l'exclamation nationale de terreur et d'étonnement : « Bonjour ! (Et ici, je supplie particulièrement, entre parenthèses, que l'imprimeur suive mon orthographe du mot, et ne mette pas Hillo , ou Halloa , à la place, qui sont tous deux des compromis insensés qui ne représentent aucun son jamais sorti des lèvres d'un Anglais.) J'ai dit : "Bonjour !" puis je me retournai violemment vers la vieille femme qui tenait la maison et je lui dis : « Bonjour ! encore.

Elle comprit l'appel irrésistible que j'avais fait à ses sentiments, et fit la révérence, et regarda vers le salon, et espéra humblement que je n'étais pas surpris ou déconcerté. J'ai demandé qui était la femme couverte de crêpe sur le tabouret de camping et ce qu'elle voulait là. Avant que la vieille femme ait pu répondre, les doux gémissements du salon cessèrent, et une voix sourde, parlant derrière le voile de crêpe, m'adressa un reproche et me dit :

"Je suis la veuve de feu M. Badgery ."

Que pensez-vous que j'ai dit en réponse ? Exactement les mots que, je me flatte, tout autre homme sensé dans ma situation aurait prononcés. Et quels étaient ces mots ? Ces deux:

"Oh, vraiment ?"

"M. Badgery et moi étions les derniers locataires à habiter cette maison", continua la voix étouffée. "M. Badgery est mort ici." La voix cessa et les doux gémissements recommencèrent.

Il n'était peut-être pas nécessaire de répondre à cette question ; mais j'y ai répondu. Comment? Encore en deux mots :

"Est ce qu'il?"

"Notre maison est vide depuis longtemps", reprit la voix étouffée par les sanglots. "Notre établissement a été démantelé. Étant laissé dans des circonstances réduites, je vis maintenant dans une chaumière à proximité; mais ce n'est pas chez moi. C'est ma maison. Quelle que soit la durée de ma vie, où que j'aille, quels que soient les changements qui puissent arriver à cette bien-aimée. maison, rien ne pourra jamais m'empêcher de la considérer comme *ma* maison. Je suis venu ici, monsieur, avec M. Badgery après notre lune de miel. Tout le bref bonheur de ma vie était autrefois contenu dans ces quatre murs. chérir est enfermé dans ces chambres sacrées.

De nouveau, la voix cessa, et de nouveau les doux gémissements résonnèrent autour de mes murs vides et suintèrent devant moi dans mon escalier sans tapis.

J'ai réfléchi. Le bref bonheur et les chers souvenirs de Mme Badgery ne figuraient pas dans la liste des rendez-vous. Pourquoi ne pouvait-elle pas les emporter avec elle ? Pourquoi devrait-elle les laisser encombrés par mes meubles ? Je réfléchissais justement à la façon dont je pourrais exposer avec force cette vision du cas à Mme Badgery , lorsqu'elle cessa soudain de gémir et s'adressa à moi une fois de plus.

« Tandis que cette maison était vide, dit-elle, j'ai eu l'habitude d'y jeter un coup d'œil de temps en temps et de renouveler mes tendres associations avec cet endroit. J'ai vécu, pour ainsi dire, dans les souvenirs sacrés de M. Du blaireau et du passé, que ces chères et inestimables chambres évoquent, démantelées et poussiéreuses comme elles sont à l'heure actuelle, j'ai eu l'habitude de donner une rémunération au domestique pour tout léger ennui que je pourrais occasionner... "

"Seulement six pence, monsieur", murmura la vieille femme près de mon oreille.

"Et ne rien demander en échange", continua Mme Badgery , "si ce n'est la permission d'apporter mon tabouret de camp avec moi et de méditer sur M. Badgery dans les pièces vides, avec chacune de quoi une pensée heureuse ou une pensée éloquente. sa parole ou son action tendre est éternellement associée. Je suis venu ici pour ma mission habituelle aujourd'hui. Je suis découvert, je présume, par le nouveau propriétaire de la maison – découvert, je suis tout à fait prêt à l'admettre, comme un intrus. Je suis prêt à y aller, si vous le souhaitez après avoir entendu mon explication. Mon cœur est plein, monsieur ; je suis tout à fait incapable de lutter contre vous, mais je suis assis à la place autrefois occupée par *notre* pouf. Je regarde vers la fenêtre dans laquelle se trouvait autrefois *mon* stand de fleurs. C'est à cet endroit même que M. Badgery s'est assis pour la première fois et m'a serré contre son cœur, lorsque nous sommes revenus de notre voyage de noces. « Mathilde », a-t-il dit : « Votre salon a été richement tapissé, tapissé et meublé depuis un mois, mais il n'a été que décoré, mon amour, depuis que vous y êtes entré ; Si vous n'avez aucune sympathie, monsieur, pour de tels souvenirs ; si vous ne voyez rien de pitoyable dans ma situation, prise en relation avec ma présence ici ; si vous ne pouvez pas entrer dans mes sentiments et comprendre parfaitement que ce n'est pas une maison, mais un sanctuaire, il vous suffit de le dire, et je suis tout à fait disposé à y aller.

Elle parlait avec l'air d'une martyre, d'une martyre de mon insensibilité. Si elle avait été la propriétaire et moi l'intrus, elle n'aurait pas pu être plus tristement magnanime. Pendant tout ce temps aussi, elle n'a jamais levé son voile – elle ne l'a jamais levé, en ma présence, depuis ce temps-là jusqu'à présent. Je ne sais pas si elle est jeune ou vieille, brune ou blonde, belle ou laide : j'ai l'impression qu'elle est à tous égards une Gorgone achevée et parfaite ; mais je n'ai aucune base de fait sur laquelle je puisse appuyer cette horrible idée. Une masse de crêpe en mouvement et une voix étouffée - voilà, si vous m'y obligez, c'est tout ce que je connais, d'un point de vue personnel, de Mme Badgery .

"Depuis ma perte irréparable, ceci est le sanctuaire de mon pèlerinage et l'autel de mon culte", poursuit la voix. "Un homme peut se dire propriétaire et dire qu'il le louera; un autre homme peut se dire locataire et dire qu'il le prendra. Je ne blâme ni l'un ni l'autre; je ne souhaite pas s'immiscer dans l'un ou l'autre de ces deux hommes ; je leur dis seulement que c'est ma maison ; que mon cœur est toujours en possession, et qu'aucune loi mortelle, aucun propriétaire ou locataire ne pourra jamais la détruire. Si vous ne comprenez pas cela, monsieur ; si les sentiments les plus saints qui font honneur à notre nature commune n'ont pas à vos yeux une sainteté particulière, ne vous embarrassez pas de le dire, dites-moi d'y aller.

"Je ne veux rien faire d'incivil, madame", dis-je. "Mais je suis célibataire et je ne suis pas sentimental." (Mme Badgery gémit.) "Personne ne m'a dit que j'entrais dans un sanctuaire lorsque j'ai pris cette maison ; personne ne m'a prévenu, lorsque je l'ai parcouru pour la première fois, qu'il y avait un Cœur en possession. Je regrette d'avoir dérangé vos méditations, et Je suis désolé d'apprendre que M. Badgery est mort. C'est tout ce que j'ai à dire à ce sujet ; et maintenant, avec votre aimable permission, je me ferai l' honneur de vous souhaiter le bonjour et je monterai voir. après les luminaires du deuxième étage.

Aurais-je pu donner un indice plus doux que celui-ci ? Aurais-je pu parler avec plus de compassion à une femme que je crois sincèrement vieille et laide ? Où trouver l'homme qui puisse mettre la main sur son cœur et dire honnêtement qu'il a jamais vraiment eu pitié des chagrins d'une Gorgone ? Cherchez sur toute la surface du globe, et vous découvrirez des phénomènes humains de toutes sortes ; mais vous ne trouverez pas cet homme.

Pour reprendre. Je lui fis une révérence et la laissai sur le tabouret, au milieu du salon, exactement telle que je l'avais trouvée. Je suis monté au deuxième étage, je suis d'abord entré dans la pièce du fond et j'ai inspecté la grille. Il semblait être un peu en mauvais état, alors je me suis penché pour l'examiner de plus près. Alors que j'étais à genoux au-dessus des barreaux, je fus violemment surpris par la chute d'une grosse goutte d'eau tiède, d'une grande hauteur, exactement au milieu d'un endroit dégarni, qui s'est beaucoup élargi ces dernières années sur le dessus. de ma tête. Je me suis mis à genoux et j'ai regardé autour de moi. Le ciel et la terre! la femme couverte de crêpe m'avait suivi jusqu'à l'étage – la source d'où était tombée la goutte d'eau tiède était l'œil de Mme Badgery !

"J'aimerais que vous puissiez réussir à ne pas pleurer par-dessus ma tête, madame," remarquai-je. Ma patience commençait à s'épuiser et je parlais avec beaucoup d'aspérité. La jeunesse frisée d'aujourd'hui ne pourra peut-être pas sympathiser avec mes sentiments à cette occasion ; mais mes frères chauves savent aussi bien que moi que la plus impardonnable de toutes les libertés est une liberté prise avec le sommet de la tête humaine sans surveillance.

Mme Badgery ne semblait pas m'entendre. Lorsqu'elle eut laissé tomber sa larme, elle se tenait exactement au-dessus de moi, regardant la grille ; et elle n'a jamais bougé d'un pouce après que j'aie parlé. "Ne pleurez pas au-dessus de ma tête, madame", répétai-je, plus irritable qu'auparavant.

"C'était sa loge", a déclaré Mme Badgery , se livrant à un monologue étouffé. "Il était singulièrement pointilleux sur son eau de rasage. Il aimait toujours l'avoir dans un petit pot en fer blanc, et il désirait invariablement qu'elle puisse être placée sur cette plaque de cuisson." Elle gémit encore et tapota un côté de la grille avec le pied de son tabouret de camping.

Si j'avais été une femme, ou si Mme Badgery avait été un homme, j'aurais maintenant atteint les extrémités et j'aurais défendu mon droit à ma propre maison en faisant appel à la force physique. Dans les circonstances actuelles, tout ce que je pouvais faire était d'exprimer mon indignation par un regard. Ce regard n'a produit aucun résultat — et ce n'est pas étonnant. Qui peut regarder une femme avec effet, à travers un voile de crêpe ?

Je me suis retiré dans la pièce de devant du deuxième étage et j'ai immédiatement fermé la porte derrière moi. L'instant d'après, j'entendis dehors le bruissement des vêtements de crêpe, et la voix étouffée de Mme Badgery se déversait lamentablement par le trou de la serrure.

"Voulez-vous en faire votre chambre à coucher ?" » demanda la voix de l'autre côté de la porte. "Oh, non, n'en faites pas votre chambre à coucher ! Je m'en vais immédiatement - mais, oh je vous en prie, je vous en prie, que cette pièce soit sacrée ! Ne dormez pas là ! Si vous pouvez l'aider, ne je ne dors pas là-bas!"

J'ai ouvert la fenêtre et j'ai regardé de haut en bas de la route. Si j'avais vu un policier à proximité, je l'aurais certainement appelé. Aucune personne de ce type n'était visible. J'ai refermé la fenêtre et j'ai averti Mme Badgery , à travers la porte, de mon ton le plus sévère, de ne pas interférer avec mes arrangements domestiques. "J'ai l'intention d'installer ici mon propre lit en fer", dis-je. "Et en plus, je veux dormir ici. Et en plus, je veux ronfler ici !" Sévère, je trouve, cette dernière phrase ? Cela a complètement écrasé Mme Badgery pour le moment. J'entendais les vêtements de crêpe s'éloigner de la porte en bruissant ; J'entendis les gémissements étouffés descendre à nouveau lentement et solennellement les escaliers.

Au fil du temps, je suis également descendu au rez-de-chaussée. Mme Badgery avait-elle réellement quitté les lieux ? J'ai regardé dans le salon de devant — vide. Salon arrière — vide. Y a-t-il une autre pièce au rez-de-chaussée ? Oui; une longue pièce au fond du couloir. La porte était fermée. Je l'ouvris avec précaution et jetai un coup d'œil à l'intérieur. Un léger cri et le claquement de deux mains distraitement jointes saluèrent mon apparition. Elle était là, de nouveau sur le tabouret de camping, de nouveau assise exactement au milieu du sol.

"Ne, ne regarde pas de cette façon!" s'écria Mme Badgery en se tordant les mains. "Je pourrais le supporter dans n'importe quelle autre pièce, mais je ne peux pas le supporter dans celle-ci. Chaque lundi matin, je surveillais les affaires de lessive dans cette pièce. Il était difficile de lui plaire pour son linge; la blanchisseuse ne mettait jamais assez d'amidon. dans ses cols pour le satisfaire. Oh, combien de fois et de fois a-t-il passé sa tête ici, comme vous venez de mettre la vôtre et dit, à sa manière amusante : « Encore de l'amidon ! Oh, comme il a toujours été drôle – comme c'est très, très drôle dans cette chère petite arrière-salle ! »

Je n'ai rien dit. La situation était désormais au-delà des mots. Je restais debout, la porte à la main, regardant le couloir vers le jardin et attendant obstinément que Mme Badgery sorte. Mon plan a réussi. Elle se leva, soupira, ferma le tabouret, longea le couloir, s'arrêta sur le paillasson, se dit : « Doux, doux endroit ! il descendit les marches, gémit le long de l'allée de gravier et disparut enfin par la porte du jardin.

« Laissez-la rentrer à vos risques et périls, » dis-je à la femme qui tenait la maison. Elle fit la révérence et trembla. J'ai quitté les lieux, satisfait de ma propre conduite dans des circonstances très éprouvantes ; illusoirement convaincu aussi que j'en avais fini avec Mme Badgery .

Le lendemain, j'ai envoyé les meubles. L'objet le moins protégé sur cette terre est une maison lorsque les meubles y entrent. Les portes doivent rester ouvertes ; et employez autant de domestiques que vous le pouvez, on ne peut compter sur personne comme sentinelle domestique tant que la camionnette est à la porte. La confusion du « emménagement » démoralise les dispositions les plus stables, et il n'existe pas de poste correctement gardé du haut jusqu'au bas de la maison. Comment l'invasion a été organisée, comment la surprise a été effectuée, je l'ignore ; mais il est certain que lorsque mes meubles sont entrés, l'inévitable Mme Badgery est entrée avec eux.

J'ai des gravures très choisies, d'après les maîtres anciens ; et j'ai été éveillé pour la première fois à la conscience de la présence de Mme Badgery dans la maison, alors que j'accrochais mon épreuve d'épreuve de la Vénus de Titien au-dessus de la cheminée du salon . "Pas ici!" » cria la voix étouffée d'un ton implorant. " *Son* portrait était accroché là. Oh, quelle estampe, quelle épouvantable, épouvantable estampe à mettre là où se trouvait *son cher portrait !*"

Je me suis retourné avec fureur. Elle était là, toujours emmitouflée dans son crêpe, portant toujours son abominable tabouret de camping. Avant que je puisse dire un mot de remontrance, six hommes en tabliers de feutrine verte sont entrés en titubant avec mon buffet, et Mme Badgery a soudainement disparu. L'avaient-ils piétinée ou écrasée dans l'embrasure de la porte ? Bien que je ne sois pas un homme inhumain par nature, je me suis posé ces questions avec beaucoup de calme. Il ne s'écoula pas très longtemps avant que la réponse soit pratiquement négative à la réapparition de Mme Badgery elle-même, dans un état de chagrin chronique parfaitement serein. Dans la journée, on m'a piétiné les pieds, j'ai été renversé par mes propres meubles, les six hommes en tablier de feutrine m'ont laissé tomber toutes sortes de menus objets en montant et en descendant les escaliers ; mais Mme Badgery s'en est sortie indemne. Chaque fois que je pensais qu'elle avait été chassée de la maison, elle se révélait au contraire gémir derrière moi. Elle a pleuré sur le souvenir de M. Badgery dans chaque pièce, parfaitement imperturbable jusqu'au bout, par la confusion chaotique de l'emménagement. Je n'en suis pas sûr, mais je pense qu'elle a apporté une boîte de sandwiches avec elle et a célébré un pique -nique en larmes. à elle dans les bosquets de mon jardin de devant. Je dis que je n'en suis pas sûr; mais je suis absolument certain que je ne me suis jamais débarrassé d'elle de toute la journée ; et je sais à mes dépens qu'elle a insisté pour me faire connaître également les propos de M. Badgery. mes notions et habitudes préférées comme je le suis avec les miennes. Cela pourrait intéresser le lecteur si je signale que mon goût pour les tapis n'est pas égal à celui de M. Badgery ; que mes idées au sujet du salaire des domestiques ne sont pas aussi généreuses que celles de M. Badgery ; et que j'ai persisté par ignorance à placer un canapé dans la position que M. Badgery , en son temps, considérait comme particulièrement adaptée pour un fauteuil. Je ne pouvais aller nulle part, regarder nulle part, ne rien faire, ne rien dire, toute cette journée, sans m'attirer immédiatement sur moi l'incube veuf aux vêtements de crêpe. J'ai essayé les remontrances civiles , j'ai essayé les discours grossiers, j'ai essayé le silence boudeur, rien n'a eu le moindre effet sur elle. Le souvenir de M. Badgery était le bouclier de preuve avec lequel elle parait à mes attaques les plus féroces. Ce n'est que lorsque le dernier meuble eut été installé que je la perdis de vue ; et même alors, elle n'avait pas vraiment quitté la maison. L'un de mes six hommes en tablier de feutrine verte l'a chassée de l'arrière-jardin, où elle parlait à mes serviteurs, avec des larmes inondées, de la rigueur vertueuse de M. Badgery avec sa femme de chambre en matière d'adeptes. Mon admirable homme en drap vert l'accompagna courageusement et ferma derrière elle la porte du jardin. Je lui ai donné sur-le-champ une demi-couronne ; et si quelque chose lui arrive, je suis prêt à faire de la prospérité future de sa famille sans père mon propre soin.

Le lendemain était dimanche ; et j'ai assisté au service du matin dans ma nouvelle église paroissiale.

Un prédicateur populaire avait été annoncé et le bâtiment était bondé. J'avançai un peu dans la nef, regardai à ma droite et ne vis aucune place. Avant de pouvoir regarder à ma gauche, j'ai senti une main posée de manière convaincante sur mon bras. Je me suis retourné et j'ai vu Mme Badgery , la porte de son banc ouverte, me faisant solennellement signe d'entrer. La foule s'était refermée derrière moi ; les yeux d'une douzaine de membres de la congrégation, au moins, étaient fixés sur moi. Je n'avais d'autre choix que de sauver les apparences et d'accepter cette terrible invitation. Il y avait une place libre à côté de la porte du banc. J'ai essayé d'y entrer, mais Mme Badgery m'a arrêté. " *Son* siège", murmura-t-elle en me faisant signe de me placer de l'autre côté d'elle. Il est inutile de dire que j'ai dû grimper sur un pouf et que j'ai renversé tous les livres de dévotion de Mme Badgery avant de réussir à passer entre elle et le devant du banc. Elle a pleuré sans interruption pendant le service ; elle se ressaisit quand ce fut fini ; et commença à me dire quelles avaient été les opinions de M. Badgery sur des points de théologie abstraite. Heureusement, il y avait une grande confusion et une grande foule à la porte de l'église ; et je m'enfuis, au péril de ma vie, en courant à l'arrière des voitures. J'ai traversé seul l'intervalle des services dans les champs, étant empêché de rentrer chez moi par la crainte que Mme Badgery ne soit arrivée avant moi.

Lundi est arrivé. J'ordonnai positivement à mes domestiques de ne laisser passer aucune dame en profond deuil par la porte du jardin, sans me consulter au préalable. Après cela, me sentant assez en sécurité, je m'occupai du rangement de mes livres et de mes gravures.

Je n'avais pas occupé ce poste depuis plus d'une heure, lorsqu'un des domestiques fit irruption dans la chambre et m'informa qu'une dame en profond deuil s'était évanouie juste devant ma porte et avait demandé la permission d'entrer et de venir. asseyez-vous quelques instants. Je courus dans l'allée du jardin pour verrouiller la porte, et arrivai juste à temps pour la voir violemment poussée par une foule officieuse et sympathique . Ils s'éloignèrent de chaque côté en m'apercevant. Elle était là, appuyée sur l'épaule de l'épicier, accompagnée du garçon boucher qui portait son tabouret de camping ! Laissant mes serviteurs faire d'elle ce qu'ils voulaient, je reviens en courant et m'enferme dans ma chambre. Lorsqu'elle évacua les lieux, quelques heures après, je reçus un message d'excuses, m'informant que ce lundi était le triste anniversaire de son mariage, et qu'elle s'était évanouie, en conséquence, à la vue de son mari perdu. la maison du mari.

La matinée de mardi s'écoula heureusement, sans nouvelle invasion. Après le déjeuner, j'ai pensé sortir et me promener. Ma porte de jardin est munie d'une sorte de judas, recouvert d'une grille métallique. En m'approchant de cette grille, j'ai cru voir quelque chose de mystérieusement sombre sur le côté extérieur de celle-ci. Je baissai la tête pour regarder à travers et me retrouvai instantanément face à face avec le voile de crêpe. « Doux, doux endroit ! » dit la voix étouffée en me regardant droit dans les yeux à travers la grille. Les gémissements habituels suivirent, et le nom de M. Badgery fut prononcé plaintivement avant que je puisse me remettre suffisamment pour me retirer dans la maison.

Mercredi est le jour où j'écris ce récit. Il n'est pas encore midi et il est fort probable qu'une nouvelle forme de persécution sentimentale me soit réservée avant la soirée. Jusqu'à présent, ces lignes contiennent une déclaration parfaitement vraie sur la conduite de Mme Badgery à mon égard depuis que je suis entré en possession de *ma* maison et *de son* sanctuaire. Que dois-je faire ? — c'est le point sur lequel je veux insister — que dois-je faire ? Comment puis-je m'éloigner du souvenir de M. Badgery et du chagrin inapaisable de sa veuve inconsolable ? Il est possible de résister à toute autre espèce d'invasion ; mais comment un homme placé dans ma situation malheureuse et sans précédent peut-il se défendre ? Je ne peux pas garder un chien prêt à voler chez Mme Badgery . Je ne peux pas l'accuser devant un tribunal de police d'avoir un attachement oppressif à la maison dans laquelle son mari est mort. Je ne peux pas tendre des pièges à une femme, ni poursuivre une veuve en pleurs pour intrus et nuisance. Je suis impuissante dans les plis insouciants du voile de crêpe de Mme Badgery . Il n'y avait sûrement aucune exagération dans mon langage lorsque je disais que j'étais victime d'un grief parfaitement nouveau ! Quelqu'un peut-il me conseiller ? Quelqu'un a-t-il eu la moindre expérience de la forme particulière de persécution que je subis actuellement ? Si personne ne l'a fait, existe-t-il un juriste au Royaume-Uni qui puisse répondre à la question primordiale qui apparaît au début de ce récit ? J'ai commencé par poser cette question parce qu'elle me préoccupait avant tout. Cette question est toujours au premier plan dans mon esprit, et je vous demande donc la permission de conclure de manière appropriée en la posant à nouveau :

Y a-t-il une loi en Angleterre qui me protégera de Mme Badgery ?

FIN DU VOL. JE.

——————————

NOTES DE BAS DE PAGE

[1] Bien que l'abbé Le Bel s'abstienne discrètement de mentionner le fait, il ressort clairement du contexte qu'il était autorisé à lire, et qu'il a effectivement lu, les papiers contenus dans le paquet.

[2] Il serait peut-être aussi bien d'expliquer que j'utilise ce mot composé maladroit pour marquer la distinction entre un journal à un sou et un journal à un sou. C'est sur le « journal » que j'écris maintenant. Le « journal » est un tout autre sujet, avec lequel cet article n'a aucun rapport.

[3] Cinq années se sont écoulées depuis la première publication de cet article, et aucun signe de progrès n'a encore fait son apparition dans le Public Inconnu. Patience! patience! (septembre 1863).

[4] Pour l'information des jeunes gens ignorants qui commencent la vie, je joins les lamentables détails de ce calcul :

	£.	s.	d.
Une Illusion de Tulle gâchée	2	0	0
Réparation des fronces de Moiré Antique	0	5	0
Robe en dentelle blanche pas cher gâtée	3	0	0
Faire. gaze bleue faire.	1	6	0
Deux nouvelles étendues de velours pour Maman	4	0	0
Nettoyer le pantalon de mon gendre	0	2	6
Nettoyer mon propre manteau	0	5	0
Total	dix	18	6

[5] Cette phrase s'est malheureusement révélée prophétique. Traductions bon marché de Le Père Goriot et La Recherche de l'Absolu ont été publiés peu après la parution du présent article, avec des extraits des opinions exprimées ici sur les écrits de Balzac annexés à titre publicitaire. Des remontrances critiques à l'égard de telles productions seraient des remontrances rejetées. Il suffira de dire ici, en guise d'avertissement au lecteur, que l'expérience consistant à traduire le français de Balzac dans son équivalent anglais reste encore à tenter.